全国高等院校旅游专业规划教材

# 旅游文化学

(第2版)

姚昆遗　贡小妹　编著

旅游教育出版社
·北　京·

责任编辑：刘立梅　孙春艳

**图书在版编目（CIP）数据**

旅游文化学/姚昆遗，贡小妹编著．－北京：旅游教育出版社，2006.6（2012.7）
全国高等院校旅游专业规划教材
ISBN 978－7－5637－1367－7

Ⅰ．旅…　Ⅱ．①姚…②贡…　Ⅲ．旅游—文化—高等学校—教材
Ⅳ．F590

中国版本图书馆 CIP 数据核字（2006）第 058870 号

全国高等院校旅游专业规划教材

**旅游文化学**

**（第 2 版）**

姚昆遗　贡小妹　编著

| | |
|---|---|
| 出版单位 | 旅游教育出版社 |
| 地　　址 | 北京市朝阳区定福庄南里 1 号 |
| 邮　　编 | 100024 |
| 发行电话 | （010）65778403 65728372 65767462（传真） |
| 本社网址 | www.tepcb.com |
| E－mail | tepfx@163.com |
| 印刷单位 | 北京中科印刷有限公司 |
| 经销单位 | 新华书店 |
| 开　　本 | 787×960　1/16 |
| 印　　张 | 9.5 |
| 字　　数 | 150 千字 |
| 版　　次 | 2010 年 6 月第 2 版 |
| 印　　次 | 2012 年 7 月第 2 次印刷 |
| 定　　价 | 14.50 元 |

（图书如有装订差错请与发行部联系）

# 出版说明

为适应旅游业的发展要求，满足旅游高等教育的需要，我们根据高等院校旅游专业的课程设置、教学目标，在国家旅游局人事劳动教育司的主持下，集合国内旅游高等院校的众多专家学者，自20世纪90年代起，先后编辑出版了一套旅游高等院校系列教材。该套教材出版以来，得到了广大院校师生和业界的普遍好评，至今仍是众多院校的首选教材，一版再版。迄今为止，该套教材不仅为众多院校广泛使用，而且是规模最大、品种最多的一套高等院校旅游专业教材。

但是我们深知，教材出版本身是一个不断完善的动态过程，需要产业的推动、研究的深化、时间的积淀，更需要广大师生的参与。本着这一目的，根据21世纪旅游业的发展要求与广大师生的殷切希望，我们根据教育部与国家旅游局对旅游学科的规划与行业要求，对本套教材进行了必要的增补与修订，以确保该系列教材的科学性、权威性。

与原教材相比，本版教材注意了课程设置与教材编写的科学性、针对性、规范性，使整套教材更适合学科教学和行业发展的要求。在此基础上，本版教材强调了教材的研究含量，旨在倡导教材编写的严肃性、高等教育的研究性，避免教材编写中存在的简单雷同现象，体现国家骨干教材应有的规范性与原创性。可以说，本版教材更加贴近我国高等院校旅游专业教学实际，严格按照课程设置和教学目标设计安排教材内容，使高等教育教材的先进性与研究性得到充分保证。

在此次增补与修订中，我们始终强调教材编写应有的学术规范，无论从选题确定、框架设计、内容编排，乃至注释引文、参考文献，每一个细节都力求体现教材编写应有的学术规范。我们先后在全国广泛遴选作者，聘请在学科研究与教学领域有所建树的专家学者担任教材的编写工作；其中不少作者都有相关领域的专著成果作为教材写作的支撑，为本套教材的研究含量提供了必要保障。

作为国内唯一一家旅游教育专业出版社，我们始终得到广大旅游院校师生的关心与帮助，在新世纪，我们更期待着大家一如既往的呵护。我们希望将我们的教材建设成为一个开放式的园地，能始终站在学科研究与行业发展的前沿，随时反映旅游教育最新发展的动态。我们期待着教材使用者的意见和建议，更期待着潜在作者的新思路、新理念、新观点、新教学方式——我们定会“从善如流”，不断调整完善现有教材，不断吸纳新的作者、新的观点。

旅游教育出版社

# 目 录

# 绪 论

旅游,并非是当代人的专利。早在2 000多年以前,我国先秦时期就已经有许多关于我们先民早期的旅游活动的传说和记载。例如,传说"黄帝游幸天下,有记里鼓,道路记以里堆",《史记》说他"东至于海,登丸山,及岱宗。西至于空桐,登鸡头。南至于江,登熊、湘。北逐荤粥,合符釜山,而邑于涿鹿之阿,迁徙往来无常处"。大禹治水,足迹遍及黄河长江,最后"东巡狩,至于会稽山而崩"。此后问世的《山海经》中,更有夸父追日、嫦娥奔月等一些充满了神奇想象的旅游传说;《穆天子传》,描述了西周第五代天子周穆王"欲肆其心,周行天下",他曾有"命驾八骏之乘,驰驱千里",北绝流沙,西达昆仑,往返35 000里路去西王母之邦的壮举;庄子的《秋水》、屈原的《九章》,折射出的无疑是作者自己长途跋涉的足迹;西汉太史公司马迁遍历祖国名山大川,所著《史记》记录和描写了禹陵、泰山等各处风光。

但是,历史上早期的旅游活动只是帝王将相、达官贵人、富商巨贾们少数人的活动。旅游真正成为一种普通人的普通生活方式并逐渐成为独立体系,是第二次世界大战以后近半个世纪的事情。随着社会经济的发展,人们可支配收入的增加,法定工作时间的缩短和余暇时间的增多,特别是随着现代科学技术在交通运输和远距离通信等领域中的应用,现代旅游活动日益成为人们生活的重要组成部分。1950年,全世界有2 500万人次参加国际旅游活动;2000年,增至近7亿人次。1950年,全世界国际旅游消费总额为21亿美元;2000年,达到4 760亿美元。这些数字还都没有把国内旅游的数字统计在内,如果把国内旅游活动也考虑进去,那么2000年的旅游活动参加者人次远远超过30亿,旅游消费总额将超过2万亿美元。毫无疑问,旅游已成为当今世界最有影响、最引人注目的社会现象之一,旅游业已成为当今世界最大的产业,这个势头的发展至今仍然处于上升趋势。

对旅游的认识有一个发展过程,一开始纯粹把它纳入经济的范畴,工业商业不景气,于是发展无烟工业,纳入第三产业,完全是一种经济行为。对旅游业的研究,也是从经济事业的角度加以研究。然而,旅游活动和旅游业既是密切不可分开的两个概念,又有各自不同的内涵、不同的范畴。旅游活动的展开、旅游经济的发展,无论如何也不可能脱离旅游的文化内涵和价值。无论是作为旅游主体的旅游者的目的取向、行为表现、心理动机、民族习惯,还是旅游客体(对象)和旅游中介(旅游业及其他相关者）的建设和发展、旅游资源的开发和旅游产品的推销，无不受到各种民族文化背景的影响和制约，无一例外地都浸润着文化特质。这样，人们在实践中逐渐认识到旅游文化的价值和旅游文化建设的必要。

正是在这样的认识基础上，我们已经有了对旅游科学的总体的一般的研究——旅游学；也有了对旅游学科分门别类的分科研究，如旅游经济学、旅游管理学、旅游资源学、旅游社会学、旅游地理学、旅游教育学等；甚至还有了对旅游的一些表象或分支的局部性研究，如旅游市场营销、旅游服务艺术、导游艺术、都市旅游、旅游史等。在这棵根深叶茂的“旅游树”中，旅游文化学是其中最为粗壮的一根枝干。旅游文化学从本质的高度，把旅游整个过程作为一种特殊的文化形态，从旅游的主体、客体和中介，全方位、全过程地进行综合研究其文化的内涵，提出一些规律性的东西，这就是旅游文化学要解决的问题。

# 第一章

# 总论:旅游文化学的学科体系

**本章导读**

总论是对旅游文化学作为学科体系的理论框架的设定,包括旅游文化的概念、特征、分类和构成体系。本章在全书中起到理论支撑和提纲挈领的作用。本章要着重解决的问题是,旅游文化既不是简单的“旅游”+“文化”,也不是文化的泛化。要把旅游整个过程作为一种特殊的文化形态,探讨其规律性的东西,从而使“旅游文化”作为一门学科建立起来。在总论里讨论古代的旅游文化,是着眼于当代的旅游文化是古代的旅游文化的继承和发展,古代的旅游文化是源,今天的旅游文化是流,二者具有承继关系。

## 第一节 旅游文化的概念和构成体系

要深入研究旅游文化,先要弄清什么是旅游文化,而要弄清“旅游文化”,先要弄清什么是旅游,什么是文化。

### 一、旅游的概念

这个问题看似比较简单,在任何一本“旅游概论”中我们都可以接触到这个概念。但实际上,真正要确切地给旅游下定义,并不是一件容易的事。

(一)旅游概念的发生

“旅游”这个词,从“旅”和“游”的单独意义上来理解,《易经》中有“旅”卦,《诗经》中有“微我无酒,以遨以游”的句子,多少都已有“旅游”的意思在内。而和“旅游”的意义更相近的,还有“观光”一词,《易经·观卦》中有“观国之光,利用宾于王”的爻辞,意思是接近王的人有机会观瞻一个国家(地区)的优美风景和灿烂文化。把“旅”和“游”合在一起,作为一个合成词“旅游”来使用,从目前的资料来看,最早可以追溯到南北朝时期。南朝梁代沈约的《悲哉行》诗写道:“旅游媚年春,年春媚游人。徐光旦垂彩,和露晓凝津。时嘤起稚叶,蕙气动初苹。一朝阻旧国,万里隔良辰。”这大概是迄今为止所能见到的“旅游”这个词的最早使用。到了唐宋时期,"旅游"一词的运用,已经相当普遍,如唐代诗人王勃、韦应物、张籍、高适、白居易等人的诗文中都曾使用过"旅游"这个概念。初唐四杰的王勃在《涧底寒松》中说:"岁八月壬子,旅游于蜀,寻茅溪之涧。"韦应物的《送姚孙还河中》有句:"上国旅游罢,故园生事微。风尘满路起,行人何处归。"张籍的《岭表逢故人》中有:"过岭万余里,旅游经此稀。相逢去家远,共说几时归。"高适的《别韦五》有:"相识仍远别,欲归翻旅游。夏云满郊甸,明月照河洲。"白居易的《宿桐庐馆同崔存度醉后作》有:"江海漂泊共旅游,一尊相劝散穷愁。"这里林林总总的"旅游",都已和今天所说的旅游在意义上相差不远了。

对"旅游"这个词的理解,如果从字面上看,最简单、最直接的解释就是旅行游览。唐代孔颖达在《周易正义》中对"旅"和"游"的定义分别为,"失其本居而寄他方,谓之为旅","谓闲暇无事于之游"。这也就是说,一切在空间上从一个地方到另一个地方的行进过程,都是"旅"或"旅行",比如,古代帝王出巡、官吏宦游、和尚道士云游、商人商业活动之旅、文人学士漫游,以及今人外出考察、公务出差、出门求学等,都应视做为旅行。而带有旅行浏览之意的观光,就是"游"、"游览"。所以,旅游就是带有游览目的的旅行,或者如《牛津词典》中所说的,"离家远行,参观游览一个或几个地方,然后又回到家里"。境外、国外也有人把"旅游"和"观光"等同起来,但细究起来,"旅游"的含义显然要比"观光"丰富得多。在"旅游"这个概念中,"旅"和"游"是一个不能截然分开的统一体,旅行是游览的手段和形式,游览是旅行的目的和内容,从而区别于一般意义的"旅行"或"观光"。

(二)对旅游的不同定义

长期以来,国内外不断有一些组织和学者给旅游下过定义。这一类的定义有:

(1)非定居者的旅行和暂时居留而引起的现象和关系的总和。这些人不会就此长期定居,并且不从事任何赚钱的活动。

(2)一定社会经济条件下产生的一种社会经济现象,是以游览为目的的非定居者的旅行和暂时居留而引起的一切现象和关系的总和。

(3)到一个国家访问、停留超过24小时的短期旅客,其目的是休闲(包括娱乐、度假、保健、研究、宗教或体育活动)、业务、家庭、出使、开会等。

(4)人们出于日常上班工作以外的任何原因,离开其居家所在的地区,到某个或某些地方旅行的行动和活动。

(5)人们离开日常生活圈,再返回原地,以考察别的国家、别的地方的文物、制度或以观赏游览风光等为目的的旅行。

(6)现代社会中居民的一种短期的特殊生活方式,这种生活方式的特点是异地性、业余性和享受性。

(7)人们为了寻求文化差异所进行的一种暂时性文化空间跨越的行动和过程,以及由此引起的社会行为、关系和影响的总和。

(8)为了增长知识、扩大眼界、锻炼身心而离开家乡到外地去参观、游览、休息的手段和形式。

这些定义的视角各不相同,有的是从技术层面上来划分:一类是从抽象理论出发的概念性定义或理论性定义;另一类是人们为了调查和统计工作等的需要而作出的比较具体的技术性定义或实践性定义。也有的是从内涵层面上来划分,或者着眼于社会经济效益,或者着眼于文化内涵,可以分为"经济说"、"社会说"、"文化说",等等。

### (三)旅游的特质

对"旅游"的概念,尽管分类的角度不同,但还是可以概括出一些带有共性的、本质的东西:

(1)旅游是一定社会经济条件下产生的一种社会现象,其产生条件是人们有可供自己支配的经济手段和闲暇时间;

(2)旅游是一种特殊的生活方式,它以旅行为前提,以游览为目的,求新、求奇、求知、求乐、求健是共同的、带有普遍性的需求;

(3)旅游是一种文化现象,从本质上说旅游是要感受和体验不同文化背景的生活方式;

(4)旅游以文化交流为基础,涉及经济、政治、社会等多方面综合性活动,包括物质性和精神性两大类活动;

(5)旅游具有综合性、异地性、享受性和业余性的特点。

### (四)"旅游"和"旅游业"

旅游究竟是文化现象还是经济活动?旅游具有文化属性还是具有经济属性?有人说,旅游本质上是"一种产业经济活动",是"外国或外地人口进入非定居地并在其中逗留和移动所引起的经济活动的总和";但也有人抱截然相反的观点,"旅游是一种社会现象,而不是一种生产活动","不是一种产品"。于是就有了"经济性很强的文化事业,文化性很强的经济产业"的说法。其实,问题并不在于旅游到底具有经济性还是文化性,而是在于混淆了旅游和旅游业两个概念。我们通常所说的"旅游"这个词里面,包含了"旅游(活动)"和"旅游业"两个不同概念。只要区分了这两个概念,旅游究竟是文化现象还是经济活动的问题也就不成为问题了。

旅游(活动)不同于旅游业,两者既有联系,又有差别:旅游,是从旅游者的角度来讲的,是一种个人行为,一种生活方式;是一种社会文化现象,一种经济性很强的文化活动。旅游业,是从旅游经营者的角度来讲的,是为旅游服务、为旅游者服务的产业,是一种文化性很强的经济产业。旅游是要花钱的,旅游业是要赚钱的;旅游追求的是文化的体验性和差异性,旅游业追求的是效益,包括经济效益和社会效益。

### (五)旅游的分类

旅游是一个很宽泛的概念,按照不同的划分标准,可以划分成不同的类型。

1. 从经济产业的角度划分

——按旅游范围划分，如国内旅游、国际旅游、区域旅游、边境旅游等；

——按旅游距离划分，如远程旅游、短途旅游等；

——按旅游时间划分，如当日游、过夜游等；

——按组织形式划分，如团体旅游、散客旅游；

——按计价方式划分，如包价旅游、非包价旅游、小包价旅游等；

——按费用采源划分，如自费旅游、公费旅游；

——按旅游资源划分，如红色旅游、农业旅游、博物馆旅游、民俗旅游，等等。

2. 从社会生活现象的角度划分

——按旅游方式划分，如奖励旅游、修学旅游、自助旅游等；

——按旅游目的划分，如休闲旅游、度假旅游、商务旅游、考察旅游等；

——按旅游对象划分，如观光旅游、考古旅游以及形形色色的专项旅游或特种旅游，等等。

把握好旅游的不同类型及其特质，是深入讨论旅游文化的基础之一。

## 二、文化的概念

### （一）文化概念的发生

“文化”这个词，中国古代典籍中早已有之。《论语·雍也》说：“质胜文则野，文胜质则史。文质彬彬，然后君子。”“文”有文字、文章、文采的意思，引申为人为加工、修饰。而“化”则有改变、化生的意思。以后《易经·賁卦》把“文”和“化”联系起来，“观乎天文，以察时变；观乎人文，以化成天下。”其中的“人文”指的就是人际伦理关系和礼仪风俗。西汉刘向在《说苑·指武》中更是把“文”和“化”连用，“圣人之治天下也，先文德而后武力。凡武之兴，为不服也；文化不改，然后加诛。”这里的“文化”指的是文治教化，具体为人的教养、德性。

很显然，中国古籍中的“文化”含义和我们现在通用的“文化”概念，并不完全一致。

### （二）对文化的不同定义

今天我们使用的“文化”的概念，《辞海》的定义是：“从广义来说，指人类社会历史实践过程中所创造的物质财富和精神财富的总和。从狭义来说，指社会的意识形态，以及与之相适应的制度和组织机构。它又可泛指一般知识。”这个概念是从西方引入的。

西文“文化”（Culture）一词，从拉丁文 Cultura 演变而来，其本义是耕作，为敬神而耕作或为生计而耕作，后采取引申意义，在精神修养方面表示一种宗教崇拜，再伸展开去，根据上下文，又有了栽培、培养、教养等含义。19 世纪后半叶，英国的文化学者 E. B. 泰勒发表《原始文化》一书，首先提出“文化”的定义：“所谓文化或文明,乃是指知识、信仰、艺术、道德、法律、习俗以及包括作为社会成员个人而获得的其他任何能力、习惯在内的一种综合体。"

从泰勒之后,国内外学者对"文化"的定义可以说是层出不穷。如果说对"旅游"有多种不同的理解和定义,那么对"文化"的不同理解和定义就更多。有种说法认为,关于"文化"的不同定义可达 260 多种,比如:

"文化是人类创造出来的物质文明和精神文明的总和";

"相对于自然的,凡是人类创造的,都是文化";

"文化是人创造的第二自然(环境)";

"文化是社会发展、人类的创造力和才智在历史上所达到的一定水平和体现";

"文化是生活方式,是由社会环境所决定的生活方式的整体";

"文化就是人们的精神生活,还包括人们活动所创造的具体成果,以及人们在活动中体现的创造力和才智的成果,即物质文化和精神文化";

有的定义所指更加具体狭窄:"文化就是道德修养、精神素养";

"文化就是人类的社会遗产";

"文化就是文学艺术",等等。

这些定义,有的是从广义而论,有的是从狭义而论,我们从旅游的角度来谈文化,显然是从广义上来理解和认识的。

### (三)文化的分类

通常,对文化的分类,可以按照其自身的内涵,从四个层面上来划分:

(1)物质文化,即物质层面的文化形态,包括各种生产工具、生活用具、建筑园林、城市村落、物质产品等;

(2)行为文化,即行为方式层面的文化形态,它涉及的既有个人与他人、个人与群体之间的关系,也有个人与整个社会之间的关系,包括各种行为规范、风俗习惯、社会经济制度等;

(3)社会文化,即社会环境层面的文化形态,包括各个地区的社会环境、生活方式等;

(4)精神文化,即精神层面的文化形态,包括各种思维方式、思想观点、价值观念、道德情操、宗教信仰、审美情趣等。

### (四)文化的特性

(1)创造性,这是文化最基本的特性。文化区别于自然物质世界,它是人类所创造出来的,是人类的实践和意识的结果。人类正是通过创造文化而区别于其他动物,文化具有创造性。

(2)具象性,文化是人所创造的,但不是人凭空创造的,也不是凭空所能存在的。文化的存在是具象的,有一定的对象,也需要依靠一定的载体。

(3)时间性,或称历史性,既然文化不是与世俱来的,作为一种历史现象,它就有一个起源、演化、变迁的动态发展过程。文化既需要积累,也存在淘汰,有一个进化或分化的过程。

(4)空间性,或称相对性,文化存在于一定的空间。在不同的空间,文化具有相对意义,表现出不同的层次和类型,形成不同的文化圈和文化群。

(5)开放性,文化以个体形式出现,每个民族、每个地区都会形成具有自身鲜明个性的文化形态,但它们不可能是封闭的、一成不变的。在世界的不同民族,在历史的不同阶段,各个文化圈和文化群形态各异、个性不同,但也相互作用,相互交融。正是在这个意义上,我们说,文化属于全人类。

掌握好不同层面的文化类型及其特性,是讨论旅游文化的又一基础。

### 三、旅游文化的概念

#### (一)旅游与文化的关系

旅游和文化的关系,实质上应该是旅游、旅游业和文化的关系。旅游活动的基础是文化,它的基本内容也是文化,旅游就是一种文化性的社会行为。这可以从以下方面来认识:

(1)旅游是一种文化性行为,已为历史实践所证明。比如,古代的官员巡视、教徒朝圣、商人经商,更不要讲文人们的各种观光游览活动,无不带有文化的意味。

(2)旅游引导人们了解自然、学习历史、熟悉社会、开阔眼界、增长才干。比如,司马迁、郦道元、李白等人的许多脍炙人口的诗文就得益于旅游。

(3)旅游是信息传播的途径。旅游者可带来各种知识:旅游者在旅游活动过程中,体验和感受不同文化背景的生活方式,旅游者和旅游地居民之间会发生一种文化的传播和交流。

另外,旅游业的内涵,从根本上说,是一种文化性的产业。理由是:

(1)旅游业经营的,是文化;旅游者消费的,也是文化。

(2)旅游业的基础建设无不体现一定历史条件下的时代风韵,不能不十分强调文化的背景和建设。

(3)旅游业的发展,归根到底,也有赖于文化事业的支持,有赖于全社会文化素养的提高。

所以,没有文化就没有旅游,也没有旅游业、旅游经济。或者换一句话说,没有文化的旅游是没有生命力的活动,而没有文化的旅游业是没有前途的产业。

#### (二)旅游文化的定义

正如"旅游"和"文化"这两个概念众说纷纭一样,对"旅游文化"的定义也有各种不同的说法。例如:

"旅游文化是与旅游有关的物质财富和精神财富的总和";

"旅游文化是旅游主体、旅游客体和旅游中介相互作用的结果";

“旅游文化是人类（包括旅游者和旅游业从业人员）在旅游活动中创造和积累的一种文化形态”；

更有人望文生义，说“旅游文化就是旅游＋文化的简单结合”，等等。

但不管哪一种说法，一些共性的东西却是不容忽视的，即：

（1）旅游文化是随着旅游活动而产生和发展起来的，是在旅游这一特殊的生活方式中所体现出来的文化内涵。

（2）旅游文化渗透在旅游活动的各个环节和各个方面，它不但从旅游者的需求和审美中表现出来，也体现在旅游所赖以产生的物质基础——旅游资源的发掘和建设以及旅游业的服务和建设上。旅游文化包括物质和精神两个方面。

（3）旅游文化作为整个社会文化的一部分，具有二元文化结构，即传统性和现代化的互补关系，它既是传统文化的延续，又是现代文化的一部分。

（4）旅游文化是一个专门概念，有自己的独立性，它独立于社会文化其他各个领域，有自己的内涵和范畴；不应把旅游文化看做旅游和文化的简单组合，而应发掘其内在的联系。我们不能把与旅游毫无关系的各种社会文化形态，都归入旅游文化中。

概言之，旅游文化就是以一般文化的内在价值为依据，以吃、住、行、游、购、娱六大要素为依托，以旅游主体、旅游客体和旅游中介间的相互关系为基础，围绕旅游活动整个过程有机形成的物质文明和精神文明的总和。

## 四、旅游文化的构成体系

既然旅游文化是伴随旅游活动而产生和发展的，是渗透在旅游活动的各个环节和各个方面的，而旅游活动又是由旅游的主体、客体和中介这三个基本要素所构成，所以对旅游文化的研究，同样应着眼于旅游的主体、客体和中介。

### （一）旅游主体文化

旅游活动的主体是旅游者。所谓旅游主体文化，就是旅游者在观光游览和旅游过程的人际交往中表现出来的各种文化形态，以及在和旅游客体进行交流、发生关系时感受到的文化差异，它体现为旅游者的各种文化需求和情趣。研究旅游主体文化，就是要研究旅游者所追求的是什么，影响这些需求的自身因素以及对这些需求的态度，研究在旅游发生的过程中作为旅游者的人、自然与社会以及和他人之间的关系。

研究旅游主体文化，应该充分注意到三个问题：

（1）作为旅游主体的旅游者，不仅包括国际旅游者，也包括国内旅游者以及本地的旅游者，不应有所偏废。

（2）在研究旅游者的需求时，要充分估计到旅游作为文化产品的特殊性，从不同的国情、民族传统文化以及社会制度性质出发，区分什么是需要去适应的，什么是不能迁就的，什么是应该抵制的。

(3)对旅游者，不仅有适应他们的问题，同时还要研究如何提高旅游者自身的素质素养和观赏游览审美能力，研究作为旅游者在旅游可持续发展中的作用和影响。

(二)旅游客体文化

客体就是对象。旅游客体就是旅游者进行旅游活动所面对的对象，既包括旅游目的地，也包括旅游发生地。旅游客体不外乎三个方面：山水、气候、特殊的生物等自然风光；历史、文物、园林、古迹等人文景观；民俗、风情、城市、村落、餐饮、工艺品等社会环境。所谓旅游客体文化，就是围绕规划、开发、建设旅游活动的客体所表现出来的文化形态、文化内涵和文化价值。

研究旅游客体文化，就是要研究：

(1)如何发掘旅游资源、旅游产品中的文化内涵，按照什么样的标准来开发旅游资源、建设旅游客体，可以向旅游者展示些什么。

(2)发掘、展示旅游资源中的文化内涵时，处理好传统文化与现代文化、民族文化与外来文化的关系。我们在通过旅游促进民族文化发展的同时，还要防止歪曲和破坏民族文化或者助长民族文化中落后的不健康的东西的泛滥；在引进外来文化的同时，要防止外来文化中某些不健康的内容对我们民族文化的侵蚀。

(3)在开发旅游资源、建设旅游产品时，把握好开发、建设和保护之间的关系，把握好旅游业发展中眼前利益与长远规划的关系、经济效益与社会效益之间的关系，真正体现旅游业的可持续发展。

(三)旅游中介文化

旅游中介是介于旅游主体(旅游者)和旅游客体之间的中介桥梁，即旅游业，它既包括联结旅游者和旅游客体的旅游企业，也包括服务于旅游业的所有从业人员；既包括直接面对旅游者的旅游服务、景点管理，也包括那些不直接与旅游者见面的旅游线路规划设计、旅游景观建设、旅游设施布置、行业管理规范，等等。所谓旅游中介文化，就是旅游业的文化素质和文化意识。

旅游中介，即旅游业及其从业人员的文化素质高下，在很大程度上决定了旅游者能否获得良好的审美享受，以及旅游资源能否得到合理的开发利用，所以应该花大力气研究如何提高旅游企业的文化含量和旅游从业人员的文化素质。

旅游主体文化、旅游客体文化、旅游中介文化相互影响，交织在一起，就构成了完整的旅游文化。旅游构成三要素中的任何一个要素，都不能单独产生或形成旅游文化。以旅游主体来说，如果离开了旅游客体，那就失去了观赏对象；如果没有旅游中介，则无法实现旅游，自然也就不可能产生旅游文化。从旅游客体来说，如果没有旅游者(主体)去欣赏，没有旅游业(中介)去开发、经营和宣传，不可能形成旅游文化。至于作为管理旅游、服务旅游的一种社会性行业的旅游中介，虽然其每一个环节都体现和蕴涵着旅游文化的成分,但假如没有旅游者(主体)和旅游客体的加入,旅游业也就势必形同虚设,当然也就无从显示其旅游文化成分。所以在旅游文化中,旅游者是主体、是中心,旅游客体是旅游文化的物质基础,而旅游中介则是联结旅游主体和旅游客体的桥梁,它沟通旅游主客体双方,使旅游整个过程得以完成。

## 五、旅游文化的学科体系

旅游文化,既是一门综合性科学,又是一门边缘性科学。它所研究的是以旅游主体、旅游客体和旅游中介为载体的各种文化现象及其规律。不同国家、地区和民族的文化特征总会在旅游主体、旅游客体和旅游中介上显现出来;不同国家、地区和民族之间的旅游主体、旅游客体和旅游中介的交流与碰撞也总会表现出自己的习性。旅游文化的研究,既面向不同国家和地区、不同民族和种族、不同文化和宗教背景的不同层面的旅游者,又涉及自然和人文、天文和地理、历史和艺术、社会和经济各方面的环境,从而形成具有独特个性的学科体系。

### (一)旅游文化学科研究的内容

旅游文化的学科研究应该包括四个方面:基础理论、基本知识、专业实践和方法论。

1. 基础理论

旅游作为一种文化性活动,旅游业作为一种文化产业,不可能不带有鲜明的意识形态的特点。研究旅游文化,必须要有正确的理论指导。其中,包括一般科学研究的理论,如两个文明建设的理论、可持续发展的理论、科学发展观等;本学科的专业理论,如旅游学、文化学等方面的基础理论;以及相关学科,如哲学、美学、宗教学、经济学、管理学、社会学等方面的基础理论。

2. 基本知识

作为一门综合性学科,旅游文化学的基本知识包括旅游的三大构成要素旅游主体、旅游客体和旅游中介,旅游内容的六要素吃、住、行、游、购、娱,以及文化的四个层面物质文化、行为文化、社会文化和精神文化的所有相关基本知识。此外,还应包括能够阐述旅游文化的古今中外的史实史料。

3. 专业实践

旅游的特点是实践性和体验性。作为旅游文化的专业实践,不但要有旅游的经历体会,而且要深入到旅游文化的开发建设和旅游企业中去,通过实践获得感性认识,上升为理性认识。缺乏实践基础的“神游”、“网游”、“卧游”,是不可能获得旅游文化的真谛的。

4. 方法论

旅游,是生动活泼的实践活动。旅游文化,既是旅游大系统中的一个子系统,又是文化大系统中的一个子系统。对旅游文化的研究，要用普遍联系的观点、动态发展的观点、联系比较的方法，使研究和实际密切结合。

(二)旅游文化学科研究的方法

明人董其昌有语云，读万卷书，行万里路(《画禅室随笔》)。这应该也是研究旅游文化的最贴切的写照。对旅游文化学科的研究，要自觉运用正确的理论指导，还特别应该强调：

第一，拥有广博的知识积累。旅游的综合性和多样性，给旅游文化学科贯注了多侧面、多层次的丰富多彩的特性。研究旅游文化要有广博的知识，善于贯通古今中外，精于对比研究，把握世界性和民族性统一、传统性和现代化统一，才能融会贯通，把研究提高到新的层次。

第二，具有丰富的实践体验。旅游是体验性的活动，旅游经济是体验经济。旅游活动不存在替代性，必须要有个人的亲身体验。一般的科学研究，都有理论结合实际的问题，研究旅游文化，尤其要有丰富的实践。一定要尽可能参与旅游实践，广泛接触旅游产业实践，在丰富实践的基础上，上升到理论的高度，研究才会有深度。

## 第二节　旅游文化的特征和分类

### 一、旅游文化的特征

旅游文化是一种大文化，它跨文化和旅游两大领域；同时旅游业本身又兼有文化和经济两大属性，这些都给旅游文化带来一些独有的特点。

(一)综合性

旅游是一种综合性活动，旅游经济是一种复合型经济，涉及吃、住、行、游、购、娱各个方面，反映在旅游文化上，既有物质文化，也有行为文化、社会文化、精神文化，涉及景物文化、建筑文化、娱乐文化、饮食文化、服饰文化、历史文化、宗教文化、交通文化、管理文化、制度文化、教育培训等方面，也和审美思潮、社会政治、经济发展、科学技术等交织在一起。比如，推出一个大型旅游景区，它所包含的旅游文化，不但有规划设计者的规划思想理念，景区内景点景观的文化内涵品位，还包括不同层面游客的选择及其审美需求、经营管理的文化追求等方面。比如，武当山风景名胜区展现给旅游者的，就是自然风光、历史文化、道教文化、建筑文化、武当武术等的综合体。作为旅游全过程中的一种生活方式，一种行为模式，一种思维方法，或者一类旅游资源，一件旅游产品，一种旅游活动，一种风俗习惯，都会从不同方面反映出旅游文化的多样性。所以对旅游文化的研究必定是综合性的研究。

(二)民族性

旅游对旅游者来说是感受和体验不同文化背景的生活方式，对旅游客体来说则就是要尽可能完美地展示和体现自身不同于其他的、独特的文化背景的生活方式。不同民族有各自不同的文化背景。旅游文化是民族历史、民族生活、民族精神、民族性格的一种体现,是民族文化基础的一种体现。旅游者追求的就是这种民族传统文化,体验的就是这种民族传统背景。因此,旅游必须和民族传统文化相结合。如果旅游不和民族传统文化相结合就没有前途;摒弃自身民族传统文化,一味“适应”外来文化,热衷于搞毫无根基的“英国城”、“德国镇”,以为就是“走向世界”,可以迎合各国的旅游者,这无异于一种“文化自杀”性行为,这不但和旅游文化没有任何实质联系,而且也是没有生命力的。正是在这个意义上我们可以说,旅游文化实质上就是一种民族文化。民族文化中的精华,也是旅游文化的精粹;民族文化中的糟粕,是旅游文化中应该摒弃的。

(三)地域性

旅游文化具有鲜明的地方色彩。不同的地区、东西南北、水陆城乡、天上地下、春夏秋冬,各有别具一格的魅力,形成异彩纷呈的旅游文化。比如,同是水景,江南的小桥流水和黄河的大河奔腾、浩渺的太湖和婉约的西湖分别折射不同的地域文化;同是荡水之舟,井冈山的竹筏、绍兴的乌篷和苏北的舢板,都是活灵灵的民风民俗的写照;再如,同是山景,泰山、庐山、武当山、峨眉山各有不同韵味,凝结了当地的独特文化,更不要说大河落寞的雄浑、小桥流水的灵秀、断垣残壁的悲凉、灯红酒绿的繁华,都有着特定的鲜明的地域特色,吸引着四方的旅游者。开发旅游资源,如果不花大力气研究自身文化魅力的独特性,而是一味“克隆”、照搬其他地区的所谓“成功经验”,变成千城一面、千镇一面,到处是“古镇”、“水城”,到处是小“上海”、小“外滩”,那就是走进了误区。构建一个地区的旅游文化就是要突出其地域特性,充分展示自身的唯一性。

(四)通俗性

现代旅游区别于古代和近代旅游最根本的一点是,旅游已经成为千百万普通人的一种生活方式,旅游活动为广大群众所参与。旅游文化渗透在旅游的吃、住、行、游、购、娱各个环节中,渗透在旅游领域的物质和精神的所有方面,所以旅游文化应该为广大群众所接受,能够适应广大群众的需要,这就决定了旅游文化的大众性、通俗性。旅游文化应该走出书斋,走向民间,成为雅俗共赏、老少咸宜的庶民文化、通俗文化。

(五)直观性

旅游文化是伴随着旅游活动而产生和发展起来的,渗透在旅游的各个环节和各个方面。旅游文化不同于一般文化概念的是,它不是抽象的,而是具体的,不是概念化的,而是形象的。只有那些实实在在的,旅游者在旅游过程中通过视觉、触觉、听觉、感觉能够有所闻、有所感、真切地感受到的,才能纳入旅游文化的范畴。如果把一些既和旅游毫无关系又使旅游者完全不着边际的东西,都称作旅游文化,看似重视旅游文化,其实并没有真正懂得旅游文化的要旨。

(六)体验性

旅游是一种体验经济,旅游者通过身临其境的参与,感受文化氛围,得到潜移默化的教育,由此实现旅游的熏陶功能。但是,这种感受不可能是间接的,熏陶功能也不是被动的、消极的,更不是强制的,而是通过旅游者自身的参与来实现的,而且,旅游者的参与是主动的、积极的,是别人无法替代的。

(七)传承性

又称作历史延续性。旅游文化不但是千百年来历史文化的延续和结晶,是民族生活的记录和积淀,而且随着历史的发展和时代的进步,不断得到充实、繁荣和提高。旅游文化不可能脱离历史、割断历史,它只能是历史文化的一部分。研究旅游文化,必须把它放在历史的大背景中去。

此外,也有研究者对旅游文化的特征提出了创造性、多样性、经济性、实用性、服务性、伦理性等,但是旅游文化最基本的特征,是以上七点。

## 二、旅游文化的分类

对旅游文化的分类,我们在讨论旅游文化的构成体系时,着眼于旅游活动的基本要素,把旅游文化分成旅游主体文化、旅游客体文化和旅游中介文化。但是,既然旅游文化是在旅游这一特殊社会生活方式中体现出来的文化内涵,所以对旅游文化的分类,可以从文化着眼,也可以从旅游着眼。

(一)按旅游的基本要素来分

1. 旅游主体文化

包括旅游者的政治主张、思想和信仰,旅游者的文化素质、受教育程度,旅游者的心理、性格和爱好,旅游者的居住地文化形态,旅游者的旅游动因等。

2. 旅游客体文化

包括人文化的自然景观、旅游历史文化、旅游建筑文化、旅游园林文化、旅游宗教文化、旅游聚落文化(包括乡村、城镇)、旅游民俗文化、旅游娱乐文化等。

3. 旅游中介文化

包括旅游管理文化、旅游服务文化、旅游导游文化、旅游文化教育、旅游商品文化以及其他旅游中介文化,如交通文化、宾馆文化等。

(二)按文化的形态来分

1. 旅游物质文化

主要指实现旅游整个过程中的物质手段和载体的文化形态,这些物质手段和载体包括旅游者所需要的物质装备、旅游中介所提供的物质设施以及旅游客体的物质形态,如宾馆、景区景点、建筑、园林、餐饮、商品、纪念品、交通及交通工具等。

2. 旅游行为文化

主要指实现旅游整个过程中个人与他人、个人与群体、个人与整个社会之间关系的文化形态,如旅游礼仪规范、旅游政策法规、旅游管理文化、旅游服务文化、旅游教育培训等。

3. 旅游社会文化

主要指旅游者居住地和旅游目的地的文化形态,如旅游民俗文化、旅游餐饮文化、养生保健文化、旅游娱乐文化以及旅游宗教文化等。

4. 旅游精神文化

主要指实现旅游整个过程中精神层面的文化形态,如旅游者的思维方式、道德情操、审美情趣、价值观念,旅游企业的经营意识,旅游文学艺术作品,旅游学术观点等。

(三)按文化艺术形态来分

1. 历史文化层

既包括中外各地的名胜古迹、历史名城、寺庙古建、宫苑陵寝,如中国的长城、故宫、秦始皇陵,以及埃及的金字塔、希腊的神庙、巴黎的埃菲尔铁塔等;也包括以古文物为依托的体现不同民族、不同国家、不同阶段的文化成果及其精神道德观念,如风俗礼仪等。

2. 现代文化层

既包括利用现代科学、文化和艺术成果建设起来的新景观景物、设施设备,如主题公园、游艺乐园、万国博览会、国际购物中心、航天发射场、现代化休闲住宿设施等;也包括体现现代思想的管理理念和制度,如星级饭店标准化管理、电子商务、网络营销、连锁经营、绿色经营、可持续发展等;还包括和时代前进的趋势相一致的旅游理念和方式,如绿色旅游、生态旅游、会展旅游、度假区等。

3. 民俗和社会文化层

体现不同民族在各自不同的地域环境、气候条件下为了生存和发展与自然及各种力量进行长期斗争,凭借自己的聪明才智创造的文化和积累,如各民族的生活习俗、节日庆典、宗教祭祀、体育活动等,都构成旅游文化的丰富内容。

4. 道德伦理文化层或综合文化层

旅游不但是人与自然的对话,也是人与社会、人与人的对话。在旅游过程中,以人际交流为表象,与老友新朋的结交,和服务人员的接触,对不同层次居民生活的参与,相互间相处的关系,以及自身的体会、感触等。

(四)从旅游文化的地域分布来分

旅游带有鲜明的地域色彩,所以也有人从地域分布的角度给旅游文化分类,如:

1. 国内

比如吴越旅游文化、齐鲁旅游文化、巴蜀旅游文化、荆楚旅游文化、岭南旅游文化等。

2. 国外

比如东南亚旅游文化、北欧旅游文化、阿拉伯旅游文化等,或日本旅游文化、印度旅游文化、新加坡旅游文化等。

(五)旅游文化还可按静态和动态来分

1. 旅游的静态文化

指已经定型的文化表现,如人文景观、自然景观的文化形态等。

2. 旅游的动态文化

指人的现实活动。

静态文化是通过动态文化形成的,无论自然景观、人文景观无不通过人的开发建设而形成,体现出人的文化心理、文化素质、智慧结晶,表现不同时代、不同地域、不同人群的文化特征,这就给旅游文化不可避免地带上时代性、地域性、民族性和不同人群的个性。

## 第三节　旅游文化的功能

旅游文化是旅游主体、旅游客体和旅游中介围绕旅游活动整个过程相互关联、相互作用而创造形成的文化内涵。旅游文化的功能也体现在旅游活动整个过程的各个环节和所有方面。

### 一、旅游文化对旅游者的功能

(一)陶冶旅游者情操

人之所以会产生需要旅游的动机和欲望,有健康的动机,出于疏解工作压力,调节生活节奏,消除身心疲劳;有精神的动机,求知求乐求新求奇,希望开阔眼界、增加知识;有社交动机,寻根访友,结交友情;也有经济的动机,或者是个人的求名求实,或者是和商务、会务、公务活动结合一起。所以旅游的过程,是人与自然的对话,也是人与人的对话,人与社会的对话。在满足旅游者从生理到心理、从身体到精神不同层次需求的过程中,这种对话,使旅游者在对社会和文化的接触比较中,扩大眼界,增加对世界的了解,从而心胸更加开阔。

同时,旅游作为一种高层次的文化消费活动,集自然美、艺术美、社会美和生活美之大成,本身就是一个发现美、鉴赏美的审美实践过程。不同的旅游者由于自身的文化背景和条件不同,对美的理解和感受会有所不同,但正是旅游过程中的旅游过程中的旅游文化所引发的审美愉悦,提高了旅游者的审美能力,也提高了旅游者的情操、净化了旅游者的心灵,具有培育旅游者对真、善、美的向往和热爱,以及塑造旅游者文化人格的作用。

(二)净化人际关系

旅游的过程,就是一个和外界、和社会、和世界交往和互动的过程,在这个过程中,不但每个人的精神需求得到满足,自身文化修养得到提升;而且在旅游过程中无论是旅游者和旅游者、或者是旅游者和旅游地当地居民之间,扩大交往,缩小差异,参与各方的不同形式的文化展现,使本来相互接触有限甚至不属于同一社会层面的人们走出相狭隘和封闭的圈子,产生新的人际交往关系和情感交流,实现一种人与自我、人与他人的和谐。正因为旅游具有这样的文化功能,所以在现代旅游中有越来越多的企业团体把旅游和自身的企业文化相结合,把旅游作为企业团队精神的培育和奖励的手段。

(三)推动文学艺术创作

旅游是一个互动的过程,旅游者不仅在旅游的过程中心灵得到陶冶、人际关系得以净化,而且旅游者在旅游过程中所得到的一切感受和文化享受,会刺激旅游者产生一种创作冲动,成为文学的创作源泉。游记散文、山水诗词,无论是作者历经山山水水、面对名山大川的由衷赞美,还是借景抒情、与自然胜景的和唱呼应,都是旅游文化系统功能作用的结果,中国历史文化宝库中脍炙人口的文学名篇佳作,诸如陶渊明、王维、李白、苏轼的山水诗词,郦道元、韩愈、柳宗元、欧阳修的山水游记,都是旅游文化宝库中的瑰宝。

(四)文化的交流与传播

旅游者的流动,带来了文化的交流和传播。中国古代的旅游,文人学子通过旅游、交游,在游山玩水、寄情于山水之间的同时,切磋诗文、论文讲学、游说论辩,王羲之的《兰亭集序》、欧阳修的《醉翁亭记》是这些文化盛事的生动记载。法显大和尚、玄奘法师分别历时十余年、跋涉千万里,西天取经不仅带回了佛教真经,而且他们所讲述的《佛国记》、《大唐西域记》给中国人描述了一个真实的、生动的印度,成为中印文化交流的重要佐证和文献。张骞西域归来,告诉时人在"中国"之外还有一个罗马帝国(大秦),鉴真东渡给日本送去了华夏文明,马可·波罗让东方文化在欧洲大放异彩。与旅游者一起流动的文化,使国家与国家、地区与地区彼此沟通,让世界变得亲近。今天,越来越多的国家、地区和城市,不约而同地提出所谓的"旅游立国(市)",或者明确地把旅游业作为本地区重点发展的产业,旅游业已经不仅仅具有拉动消费、推动经济发展的功效,而且对推进文化交流、树立和传播国家(或地区、城市)的形象,具有任何其他产业都不能替代的积极作用。

## 二、优化社会发展环境

(一)吸引旅游者的关键

就旅游而言,主体是旅游者,客体则是旅游者旅行、浏览的对象,包括自然风光、人文景观、社会环境。旅游客体文化是旅游客体本身所存在的已经被认识的和未被认识的,以及可以被追加上去的文化内涵,它存在于自然、人文和社会各方面,构成整体的旅游环境。旅游客体文化在整个旅游过程中占有十分重要的地位。构成旅游活动最基本的要素，一个人只要具有足够的闲暇时间和经济能力，具备旅游的基本条件，他就有可能萌生旅游的愿望。但到哪儿去旅游，旅游目的地的选择并不具有唯一性，除了一些特定情况，比如带有会议、商务、考察等公务性质的旅游，只要是旅游，总要考虑选择目的地。一般情况下，在对旅游目的地的选择的决定性因素中，交通条件或者宾馆设施等充其量只能是第二、三位因素。吸引旅游者的决定因素是旅游目的地的文化。这是其他任何因素所无法代替的。比如，作为国际化大都市的中国香港、新加坡，都是令人向往的旅游目的地，但是它们用以吸引旅游者的，主要还不是完善的旅游设施，而是“动感香港”、“非常新加坡”这样与众不同的城市文化底蕴；同样，我国的西藏、新疆的许多地方，论物质条件，也许都不属上乘，但它们却以其独特的文化魅力吸引四方的旅游者纷至沓来。旅游，是一种体验经济。旅游的魅力，正是要旅游者亲历其境才能获取。因此，旅游过程中的文化内涵和文化价值，是吸引旅游者的根本。只有充分挖掘旅游客体的文化内涵，规划、开发、建设好整个旅游过程的文化形态和内涵，旅游者才会慕名而来。

（二）发展旅游业的依据

旅游，是一种生活方式，也是一种社会文化活动；旅游业，是一种文化性很强的经济产业。旅游者通过旅游，追求得到的是文化的差异性，所谓求新、求奇、求特、求美，是一种精神文化的享受。这种求新、求奇、求特、求美，不仅体现在旅游景点的开发和建设上，也体现在各种旅游产品的设计和旅游企业的建设上。从某个意义上来说，旅游者消费的是文化，旅游业经营的也是文化。这就给旅游文化带来二重性，成为旅游消费文化和旅游经营文化的统一体。今天，旅游业的竞争已经从传统的资源性竞争、单纯的价格竞争和服务性竞争，进入到文化竞争。旅游文化是发展旅游业的灵魂和依据。在现代旅游中，都市旅游、会展旅游、工业旅游、考察旅游、节庆旅游等，几乎无一不是文化旅游。发展旅游业，要十分重视文化因素的作用，充分发掘和展示自身的文化特质。成功的旅游业，有生命力的旅游业，都是能够充分展现旅游文化特色的，而一些地方旅游业的失败，也正是由于文化的缺失。我们经常感慨中国的主题公园差不多70% ~80%是亏本运营的，这既不能归咎于主题公园不适合中国国情，也不能说明中国的主题公园供过于求，它的亏本，除了经营管理上的一些因素以外，最根本的，是中国的主题公园有太多“克隆”和雷同，缺乏鲜明的主题和独特的创意，即缺乏内在的文化，因而也就缺乏出奇制胜的吸引力。

## 三、推进旅游企业良性发展

（一）企业建设的品牌

品牌是企业的个性和标识。不仅仅是商品才有品牌问题，作为现代服务业之一的旅游业，服务有品牌，企业也有品牌。现在饭店评星级、景区景点评A级、导游员和服务员评等级，以标准化管理提升企业能级。越来越多的旅游企业和服务明星,开始注重自己的个性化品牌,通过树品牌,表明自己的个性,树立自己的形象,通过品牌来推销自己,而旅游者也是通过品牌来识别企业、认识企业。品牌的核心是文化,在品牌的背后,浓缩的是企业全部的经营理念和努力,建设旅游企业文化,重要的任务之一就是要打造企业品牌。

(二)增强企业凝聚力

旅游业作为现代服务业重要的支柱产业,旅游企业属于劳动密集型企业。用共同的价值观把企业各个群体组织和所有职工凝聚为一个整体,具有特别重要的意义。企业的凝聚力,指的是企业及其职工相互之间的吸引力。这种凝聚力,既是一种情感,表现为企业对职工的吸引力和职工对企业的向心力,又是一种合力,表现为职工和企业之间命运休戚与共的关系。增强企业凝聚力的因素很多,最主要的是要加强企业内部情感联系,不断满足企业职工的情感需求。在旅游企业中,旅游中介文化就是这样一种黏合剂,通过旅游中介文化的建设,为企业内部职工提供统一的行为准则和规范,这也是旅游文化功能的一部分。

(三)育人功能

现代管理理论的最大突破,是在企业管理中突出以人为中心,调动人的潜能。在劳动密集型的旅游行业中,必须建设一支过硬的职工队伍。旅游行业是开放最早、和国际接轨最早的行业。作为开放性服务行业,对职工队伍提出了素质、能力和服务意识的综合要求。目前我国旅游行业的总体状况是,硬件设施已经完全可以和国外同级同类企业相媲美,服务人员单一的技术操作能力水平也不弱,但是企业整体的服务意识、规范水准,和国际上还有相当差距。队伍是靠培育的。旅游中介文化既包直接的育人功能,即对职工的培训,包括素质培训、岗位培训和后备队伍培养等;也包括间接的育人功能,企业好的环境、好的风气、好的企业精神,都是潜移默化的育人的综合型系统工程。

## 第四节　中国旅游文化的源流

### 一、中国古代旅游文化的进程

我国是世界旅游大国,也是一个旅游古国,悠久丰富的旅游传统,是一笔宝贵的文化财富。

(一)中国最早旅行活动的产生和旅游文化的萌动——原始社会末期

中国最早的旅行活动,可以追溯到远古时期。即使不讲富有神话色彩的夸父追日、嫦娥奔月等神奇故事,传说中的黄帝游幸天下,舜探险苍梧,大禹治水遍历黄河长江,都带有明显的长途跋涉、旅行中国的性质。而四川广汉三星堆遗址的发掘,那些明显源自长江下游地区良渚文化的石琮,以及受到印度文化直接影响的刻符、存有鲜明阿拉伯文化痕迹的青铜面具和神树、来自遥远大海的海贝和热带森林的大象的象牙,均以无可置疑的实物形态向世人昭示,在距今3 000多年的蜀川地区,已经和长江中下游地区及印度、阿拉伯地区有一定的来往。只不过当时的这一类活动,一般地讲至多还只能算做是旅行活动,它们是当时社会生产和生活的一部分,而不带有任何游览的因素。

(二)旅行活动独立于社会生产、经济活动的发生和旅游文化的端倪——夏商周秦汉

夏商周三代到秦汉时期,旅行活动的形式和内容都不断丰富,有的带有政治目的,如周穆王西行,孔子周游列国,苏秦、张仪等策士的连横合纵的游说活动;有的是带有经济使命,如张骞出使西域以及随之形成的“丝绸之路”;有的则带有考察的目的,比如司马迁周游全国。这些旅行活动开始从一般的社会生产和经济活动中独立出来,而都带有不同程度的政治、经济、考察意图,但仍然缺乏旅游应有的超功利性和游览的自觉性,而且规模也往往限于个别人的偶然活动,所以这个时期的旅行活动可以看做是旅游的萌芽,旅游文化初露端倪。

(三)旅游活动的形成和旅游文化趋于成熟——魏晋南北朝

魏晋南北朝是我国真正意义上的旅游活动的形成时期,其标志,第一,超功利性的旅游活动经常性地出现,魏晋南北朝时期不但出现了像郦道元这样的大旅行家探查河道之旅,而且还出现了像“竹林七贤”这样的士大夫的相携出游;第二,在超功利性的旅游活动的基础上,旅游审美愈趋丰富,出现了像谢朓、谢灵运等人的山水诗和像陶渊明的田园诗一类的旅游文学;第三,更为突出的,是在这个时期,“旅游”概念产生了,“旅游”这个词的出现,正好表明了中国早期的旅游活动,从开始的“旅”逐渐到“游”的演变过程,旅游活动在士大夫阶层中扩展开来,旅游文化的内容大大丰富起来。

(四)旅游活动成为一种社会风气和旅游文化的繁荣——唐宋

唐宋时期,旅游在士大夫阶层中进一步扩展,逐渐形成社会风气。从旅游主体看,士旅、宦游、巡旅等渐次扩大,甚至还有玄奘、鉴真等法师走出国门,以及遣隋使、遣唐使众多的东洋使者,以修学的名义到中国来;从旅游形式看,山水田园游,城郊游乐,边塞之旅,新鲜多样。像李白、杜甫、韩愈、柳宗元、王维、孟浩然、岑参、高适,他们的诗文,来之于行旅,来之于自然,从不同侧面反映出丰富多彩的旅游活动,开启了唐宋一代的游学之风。从旅游媒介看,当时的旅馆、酒楼、交通等也愈趋成熟。宋朝范仲淹在任杭州太守时,曾有意识地在西湖边倡导和组织娱乐活动,鼓动百姓出游、赶集、划船,以此来振兴经济、赈济饥荒灾民。这种做法明显带有旅游经济的意味了。

(五)旅游活动的进一步扩大和旅游文化的扩展——元明清

元明清时期,旅游理论渐次成熟,旅游活动进一步扩大。

在旅游理论方面,明代士人在旅游实践之余,广泛交流旅游经验,讨论旅游理论,涉及旅游修身养性的功能、追求物我合一的境界、探究人与自然的关系,成为一代风尚。明人论"游道",反映了中国古代旅游质的进步。

意大利人马可·波罗、摩洛哥人伊本·白图泰、罗马教皇的使节孟高维诺的中国之行,说明外国人来华已经并不鲜见。而国内旅游家,除了出现了像徐弘祖(霞客)这样的中国旅游史上一代大家外,元代汪大渊两下东西洋、明代航海家郑和率领的"远洋舰队"走出国门,把足迹留在天南海北。

清代,康熙、乾隆的巡幸游乐和士人的山水和园林之游,把中国古代旅游推到前所未有的境地。而晚清时期,在民族存亡之秋,出现的一股外交官员出洋考察和学子游学欧美的风气,进一步拓展了旅游活动。

## 二、中国古代旅游文化的表现形式

中国古代旅游文化,历史悠久源远流长,它既是中国古代文化史的一个重要组成部分,同时,也是其中最富有特色的内涵之一。

### (一)旅游主体文化

古代旅游和近现代旅游的根本区别在于,古代旅游是少数人的生活方式,而近现代旅游越来越成为一种大众的生活方式。作为中国古代的旅游,旅游主体主要有帝王将相、僧侣教徒、文人骚客、商人、学子等。

1. 帝王将相的巡游

数其大者如秦始皇、汉武帝泰山封禅,隋炀帝修运河看琼花,康熙、乾隆几下江南,此外,经常有大小官员微服私访。虽说都是打着体察民情的旗号,也自有其政治、经济的动机,但一路上游山玩水,住民间小客栈,颇有几分民俗旅游的味道,而康熙、乾隆所到之处,吟诗题词、勒石树碑,都有文化的记载,过去一律把它们视做封建帝王将相的淫奢作乐、陈词滥调,但从旅游角度上说,也是不无意义的。

2. 僧众香客的宗教游历

佛教东来,迦叶摩腾、竺法兰带来印度的文化;西天取经,法显、玄奘沟通中印两大文明古国;鉴真东渡,把中国文化传到日本。更不要讲居士香客的朝山进香的活动,其实已经接近专题旅游了。这种寓宗教活动之中的旅游,不仅在佛教盛行,其他宗教亦然。道教法乎自然,道士云游四方;伊斯兰教麦加朝圣;基督教传教士不远万里传经布道,林林总总,虽然都是宗教活动,但也都能看到今天旅游的一些要素。

3. 文人骚客的雅集和出游

在中国古代的旅游活动中,可以说文人骚客的雅集和出游是最接近现代意义的旅游活动。司马迁几度从长安出发,"南游江淮,上会稽,探禹穴、窥九嶷,浮于沅、湘;北涉汶、泗,讲业齐、鲁之都,观孔子之遗风,乡射邹、峄,厄困鄱、薛、彭城,过梁、楚以归”。太史公走过的轨迹,启发后来的文人学子,读万卷书,还要走万里路,走出书斋,走向生活。唐宋两代我国士人的书剑生活和旅游生活,成为我国旅游史上的盛事。在司马迁之后的历朝历代,文人骚客的雅集和出游时有所闻,王羲之兰亭盛会,陶渊明隐逸闲游,李白云游天下,杜甫浪迹天涯,欧阳修醉游琅琊,苏东坡泛舟赤壁,徐霞客行走神州,都是“读万卷书,行万里路”。他们的旅游活动,虽也有考察一方或游说四方之初衷,但更多的是出于陶冶性情,而且留下了精妙绝伦的传世名篇,或者风格独特的书法作品,王勃、孟浩然、李白、杜甫、韩愈、柳宗元、欧阳修、苏东坡的作品,无论是山水诗还是游记散文,许多都是来自于行旅,来自于自然,成为旅游文化的瑰宝。

4. 商业活动中的旅游

张骞首走丝绸之路、郑和七下西洋,这类活动,当时除了带有弘扬国威的政治色彩之外,其本质意义都是商业活动,但同时也是古代旅游活动的一部分。现在经考证还有陶瓷之路、海上丝绸之路等,这些活动已大大超出了单纯的经济意义,作为旅游活动,其传播经济、文化、习俗的作用和影响不能低估。除了中国人走出去,还有许多欧洲人、中亚人通过丝绸之路,如马可·波罗而认识中国,来中国游历的。

5. 学子赶考和修学漫游

游学是中国古代知识分子的一种特殊的学习方法,从孔子聚徒周游列国开始,隋唐时修学漫游已经渐成风气,并开启了宋代的游学之风。在科考制度下,学子赶考以求进身,在唐人传奇、宋人平话中留下甚多佳话逸闻,成为别样旅游。

(二)旅游客体文化

中国古代的旅游,最主要的也就是观光游览,其旅游客体可以用八个字来概括:名山胜水,名胜古迹。此外,民风民情、风味饮食一直也是旅游者感兴趣的。

1. 自然风光,名山胜水

自然风光、名山胜水是旅游永远的主题。从孔子开始,就倡导寄情山水,在观光游乐中感悟人生,体验人生,谓之“知者乐水,仁者乐山”;而道家更是“天地与我并生,万物与我为一”,追求“以游无穷者,彼且恶乎待”,在自由天地中“逍遥游”。所以,中国的自然山水都被注入了文人的情感,富有人文情趣的文化内涵,诸如山,就有泰山之雄、华山之险、峨眉之秀、青城之幽、雁荡之奇,形成“北雄南秀”的说法;关于水,有“奔流到海不复回”的黄河,“孤帆远影碧空尽”的长江,也有“淡妆浓抹总相宜”的西湖,“白银盘里一青螺”的洞庭湖,还有“飞流直下三千尺”的庐山瀑布。佛教四大名山、道教五大名山,中国的名山胜水,都已经不再是单纯的自然风光,而是浸透了深厚的文化底蕴,引得无数骚人墨客触景抒情。

2. 历史遗存,名胜古迹

名胜古迹是另一基本的旅游客体。在中国五千年的历史中,有以西安、洛阳、南京、开封、杭州、北京六大古都为代表的名城名邑,更有数不胜数的宫苑陵寝、寺庙石窟、名人故居、古建工程，让人流连忘返、叹为观止。陈子昂登幽州台"念天地之悠悠，独怆然而涕下"；崔颢上黄鹤楼感叹"日暮乡关何处是，烟波江上使人愁"；杜牧夜泊秦淮发出"商女不知亡国恨，隔江犹唱后庭花"的感慨；范仲淹借岳阳楼直抒"先天下之忧而忧，后天下之乐而乐"的胸怀；辛弃疾在北固亭悲愤地感叹："何处望神州？满眼风光北固楼。千古兴亡多少事？悠悠。不尽长江滚滚流。"

赤壁怀古、金陵怀古……访古、问古，凭吊前朝胜迹，发思古之幽情，也是中国古代最常见的旅游形式。

3. 民族风情，社会习俗

我国疆土辽阔，东西南北风俗迥异。体验不同的民族风情、社会习俗，同样吸引旅游者。在中国古代旅游史上，曾经出现了唐朝盛极一时的边塞之旅，写尽北方边塞的风光，蔚然成为一种风气。唐代的边塞之旅是中国民族风情游的一大奇观，在高适、岑参的笔下，不仅有慷慨激越的边关战士的爱国情怀，荒凉的塞外大漠，而且他们还有意识地采撷民族风情，记下了所见所闻的强悍淳朴的民风、欢快活泼的聚酒舞乐、别有情趣的异族餐饮。

中国古代也出现了众多专门考察民族社会习俗的旅游大家，其中首推北魏时期的著名旅游家郦道元，无论是个人漫游，还是随北魏文帝巡游，他不但尽心考察山水风貌，纵览历史遗迹，还关注所到之处的高山名城、山川景物、风土人情、神话传说，他把这一切熔于一炉，把一部本是地理专著的《水经注》写得有声有色。

我国古代的一些著名僧人，不辞劳苦，西行取经，是佛教史上的盛事，也是我国古代旅游史上的盛事。东晋高僧法显，出长安，经敦煌，入戈壁，横穿塔克拉玛干，越过葱岭雪山，来到佛教圣地迦毗罗卫城和摩揭陀国，最后乘船途经孟加拉湾，苏门答腊，漂流到山东。法显西天取经 14 年，历经 30 余国，他写的《佛国记》详细记载了各地的历史、环境、人情、风俗、天文、地理，是一部极其珍贵的旅游宝典。

唐朝高僧玄奘孑然一身出行，一片赤诚感动邻邦，历尽艰险，辗转到印度佛教中心那烂陀寺，潜心学佛。玄奘此行历时 17 年，旅程 5 万里，《大唐西域记》详细描述了他亲历的 110 个国家和传闻的 28 个国家的见闻、风光、风俗、文化、宗教、历史、地理。

明代后期的大旅行家王士性、徐霞客在他们的旅行考察中都十分注意当地民风民俗，探究地理环境和民风民俗的关系，在他们的著作中都广泛记载了各地的山川、气候、风土、风俗、民情、习惯以及民族关系。

4. 地方风味，饮食文化

中国地域辽阔，民族众多。风味饮食，作为一种地方风俗，历来是中国的民俗传统之一。在长期的历史发展中，各地区各民族，在菜肴烹调配制、饮食方式特点等方面，表现出丰富多彩的特点，逐渐形成了具有东方文化特色、体现不同历史背景下社会经济文化水平的酒文化、茶文化和菜肴流派。明代伟大旅行家徐霞客在

30 多年的旅途生涯中"逢食即吃",遍吃天下珍肴美食,特别对自己从未吃过的土特产更感兴趣,在他的旅行日记中不止一次记下了各地的土特产食品。"行万里路、品千家食",作为一种文化享受,通过饮食,通过各种风味小吃、特色筵席、土特名产,在领略浏览地风光的同时,真切地品味当地的生活习俗、风土人情。

(三)旅游中介文化

1. 住宿

住宿是旅游出门在外的最基本的生活要素。早在周朝,诸侯会盟,国家开办了宾馆、邮传,前者是招待诸侯、外交宾客的"崇大之馆",后者是官员长途跋涉、使节递送公文沿途的"接待站",规模档次都已达到相当水平;此外,还有私人接待食客游士的传舍、客舍。这些宾馆、邮传、传舍等可以看做是中国旅馆业的"源头",只不过它们都不是"商业旅馆",不产生经济效益。

秦始皇、汉武帝巡行,行程动辄千里、数千里,历时往往长达数月,大大推动了沿途住宿、道路等旅行基础设施建设。此后,一些都市和重要的港口,都出现了各种专门接待中外各地使者的迎宾馆,如蛮夷馆、四夷馆、四方馆以及驿站等。而到隋唐时,民间旅店也纷纷出现,在市场间有众多的茶肆、酒馆、旅馆、邸店。唐朝杜佑在《通典》中有这样的描述:"东起宋汴,西至岐州,夹路列店肆待客,酒馔丰溢……南诣荆襄,北至太原、范阳,西至蜀川、凉府,皆有店肆,以供商旅……"王维有诗云:"渭城朝雨浥轻尘,客舍青青柳色新,劝君更尽一杯酒,西出阳关无故人。"反映出"旅店"在当时已经十分普遍。这种官府和民间的旅馆,无论在建筑式样、管理归属或者服务接待上,都形成了一些不同的风格特点。

其一,旅馆往往挑选较好的"市口",或者交通要津,或者集市;

其二,旅馆往往坐落在名胜境地周边;

其三,许多寺院"结善缘,行方便",面向香客、游客提供客舍、斋食成为别具一格的旅游住宿处;

其四,中国古代的旅馆很多和餐饮联系在一起,食宿一体;

其五,在一些港城口岸,有许多富有异国情调、适应外来游客的住宿馆舍,如扬州、泉州的"波斯馆",登州的"新罗馆",等等。

中国古代住宿业的这些特点,是由中国古代旅游业发展的实际所决定的,与中国古代的旅游主体相一致。

2. 餐饮

中国古代早就有"食色,性也"的说法,孔子的"食不厌精,脍不厌细"也历来为人们所称道。中国东西南北不同的风味饮食,各个民族的各种特色小吃,构成各地千姿百态的民风民俗。

一是酒楼食店的繁荣,在长安、洛阳许多繁华都市里,都有各种酒肆、茶楼、饭店。《清明上河图》表现的市井繁华,非常真实地反映了当时热闹非凡的餐饮业。

二是形成了特色餐饮,酒楼、茶坊、饭店各有不同的顾客,如专门面向胡商,供应胡饼、葡萄酒、三勒浆的饭庄;面向四川客商,专门供应炸酱面、插肉面、杂煎什件的四川饭店;专门面向香客,供应斋食素餐的素食店等;还有各种南北美味名点。

三是讲究美味佳肴的观赏效果,冷盘制作"出奇思以盘饤,簇成山水",以致"人多爱玩,不忍食"。

3. 交通

交通是"旅"的最基本的要素。《史记》中记载大禹治水,就已有"陆行乘车,水行乘船"的说法。尽管最早的"车"、"船"可能完全不是我们今天想象的样子,但它作为一种代步工具,解决远行的需要,则是没有疑问的。到周朝商旅进一步繁荣,交通也得到改善,《周礼》把道路分为五等:除了有牛、马通行的"径"和车行的"畛"以外,还有作为国家公路的"深"、"道"、"路",而秦始皇车同轨,修驰道,构筑了从咸阳东到江苏浙江、西到四川甘肃、南到湖南、北到陕西贯通全国 12 个省的快速交通网络,无异于今天的"国道"、"高速公路",大大推动了商旅的发展。

除了陆路交通之外,水路交通以其低廉、便捷的特点,一直是中国古代最重要、最普遍的交通方式。春秋时著名的"鸿沟"实际上就是一条沟通济、汝、淮、泗诸水的运河。以后历朝历代都重视水上航运的贯通,秦始皇凿灵渠,汉武帝挖渭渠,汉光武帝开阳渠,汉孝明帝掘汴渠,都倾注了很大力气沟通水路。隋炀帝修大运河,沟通南北,横贯海河、黄河、淮河、长江、钱塘江五大水系,不但是南北经济文化交流的大动脉,而且大大推进了隋唐以后的旅游热。

此外,还有(长)江、(黄)河、渭(河)、洛(河)、汾(河)、济(水)、漳(河)、淮(河)、汉(江)等天然河道,"天下诸津,舟航所聚,旁通巴汉,前指闽越,七泽十薮,三江五湖,控引河洛,兼包淮海,弘舸巨舰,千舳万艘,交贸往还,昧旦永日"。(《旧唐书·食货志》)

(四)旅游文学

中国的旅游文学从先秦时就已产生。《山海经》中许多貌似荒诞的故事,实际上曲折地反映了古代先民的一些旅游活动的经历和见闻,《诗经》"风"、"雅"中许多诗篇以民歌的形式从不同方面描述了早期先民的旅游活动,在《易经》、《左传》、《战国策》等散文典籍中则散落着不少精彩的关于游学、游说的文字。尤其是战国时的《穆天子传》,活龙活现地描写了周穆王旅游西土,长驱万里,和西王母豪饮瑶池的情景,堪称中国最早的旅游文学代表作。

中国古代的旅游文学大致包括散文游记、旅游诗词、楹联碑刻和民间口头传说四大类。

1. 散文游记

中国有散文游记的传统。文人出游,把经历、见闻、感受记载下来,成为旅游散文。在《易经》、《左传》、《庄子》、《战国策》等书中都有一些游学、游说的精彩片断。而描写周穆王旅游西土的《穆天子传》，虽然是根据神话传说虚构的，却可算得上最早的一篇完整的游记，对后世的游记散文产生了很大的影响。

秦汉以后的文人，大多饱览群书，在游历山河的同时，写下了一篇篇精湛的游记散文。司马迁的《史记》中诸如《封禅书》、《西南夷列传》等，都是遍游九州山川，博采传闻逸事写成的。六朝人写山水尺牍；唐宋人写旅行游记；明清人擅长旅游小品，叙事曲折，状景生动，说理微妙，各有千秋。北魏郦道元的《水经注》，唐朝王勃的《滕王阁序》、柳宗元的《永州八记》，宋朝欧阳修的《醉翁亭记》、范仲淹的《岳阳楼记》、苏轼的《石钟山记》、王安石的《游褒禅山记》，明徐弘祖的《徐霞客日记》、袁中道的《西山十记》、袁宗道的《上方山四记》、姚鼐的《登泰山记》等，无一不是散文游记中的上乘之作，即所谓"山水以文章而显，文章以山水而存"。

2. 旅游诗词

中国的古代文人，从西周一直到明清，有写诗的传统。《诗经》中许多诗篇写出了迁居、游猎、婚旅的动人情景，可以说是旅游诗的开端。两晋时谢朓、谢灵运的山水诗、陶渊明的田园诗，直接影响到唐宋。唐宋的诗人词家，明清的文人写家，写山水，写行旅，写边关，足迹所到，留下难以计数的、脍炙人口的诗篇。同一个西湖，苏轼写的是"水光潋滟晴方好，山色空蒙雨亦奇。若把西湖比西子，淡妆浓抹总相宜"，杨万里笔下则是"毕竟西湖六月中，风光不与四时同。接天莲叶无穷碧，映日荷花别样红"；写九华山，李白可以"昔在九江上，遥望九华峰。天河挂绿水，绣出九芙蓉"，而明朝的董其昌则是"岚深山影寒，樵响不知处。绿树早莺啼，千峰一家住"。甚至一些文臣武将也都留下许多不失为旅游的诗篇，如曹操征乌桓时曾有诗云："东临碣石，以观沧海。水何澹澹，山岛竦峙。树木丛生，百草丰茂。秋风萧瑟，洪波涌起。日月之行，若出其中；星汉灿烂，若出其里。幸甚至哉，歌以咏志。"这是一篇精湛的旅游诗。

3. 楹联碑刻

楹联碑刻是中国特有的一种文学表现形式。作为中国的一种传统文化，亭台楼阁、山崖雄关、风景名胜之处的楹联匾额、碑碣题刻，不仅点缀了景点，更是画龙点睛、深化主题之作。比如山海关，其本身固然是"雄关漫道真如铁"，而那巨笔豪书的匾额"天下第一关"，以其如虹气势，和山海关相得益彰。西湖十景的"三潭印月、双峰插云、花港观鱼、柳浪闻莺、苏堤春晓、平湖秋月、断桥残雪、曲院风荷、南屏晚钟、雷峰夕照"，那工整的对仗，隽永的文辞，得自于宋，经康熙帝题写勒石，给整个西湖平添了许多风采。浙江天台山中方广寺的一副楹联"风声水声虫声鸟声梵呗声总合三百六十击钟鼓声无声不寂，月色山色草色树色云霞色更兼四万八千丈峰峦色有色皆空"，极具神韵地描绘了此地的风光特色，把自然、历史、人文、地理天衣无缝地融合到一起，令旅游者在如诗如画的美景中，对美的体验升华。

4. 民间口头传说

悠久丰富的旅游传说,是一笔宝贵的文化财富。除了那些足以说明我国旅游历史久远的先秦传说以外,三峡边的神女峰、西湖畔的白蛇传、泰山的五大夫松、普陀山的不肯去观音,都是旅游文化的瑰宝。我国古代小说戏剧中许多脍炙人口的故事也都和旅游有关。《李娃传》中荥阳公子游学赶考进京途中遇到李娃;《柳毅传书》中柳生游学到洞庭湖遇到龙女;《西厢记》中张生游学经蒲州普救寺遇崔莺莺。这些久经流传的民间传说故事,从一个侧面反映出古代的旅游实践。

(五)旅游理念

旅游在中国有着悠久的历史,早在春秋时期,就已产生了中国早期的旅游观。孔子不但是一个身体力行的旅游家,而且提出并倡导积极的旅游观,主要有:①旅游是一种积极的生活方式,利于生活、学习和工作。他说:"有朋自远方来,不亦乐乎。"②旅游可以修养身心,陶冶性情,所以有"知者乐水,仁者乐山;知者动,仁者静;知者乐,仁者寿"的比德之说。③旅游应该符合礼制,不能违背伦理道德,所以"父母在,不远游,游必有方。"庄子是和孔子齐名的旅游大家,但和孔子不同,他从"自然皆道"的理念出发,倡导一种无拘无束的"逍遥游",得到精神的满足、精神的自由。无论是孔子还是庄子,都把旅游看做是人的一种主观的精神需求。他们的这种旅游思想长期影响着中国的旅游活动。

秦汉以后,旅游形式愈加多样,人们对旅游的社会效能、文化效能也有了进一步的认识,相信旅游可以观风察政、治国安民,也可以修身养性、格物致知。历代帝王把巡游不但看做是治理国家、了解民情的手段,也是树立国家形象、弘扬王朝声威的一种方法。李斯的《上秦二世书》说:"治驰道,兴游观,以见主之得意。"刘勰《文心雕龙》中记录了郑玄《诗谱》的一段话,也很能说明这种观点:"武王伐纣,定天下,巡狩述职,陈诵诸国之诗以观民风俗。"同时,人们不仅认为旅游利于"比德",而且还能娱乐身心,强身养性,增长见识。汉辞赋家王褒在被征召入朝时,就曾以少有旅游,所以见识浅陋、知识狭隘为谦辞:"今臣僻在西蜀,生于穷乡之中,长于蓬茨之下,无有游观广览之知,顾有至愚极陋之累,不足以塞厚以明旨。"(《圣主得贤臣颂》)这种理念极大丰富和提高了传统的旅游思想,也对此后历代的旅游发展产生了深远的影响。

明代著名文学家王思任提出,旅游是人的一种天性和本能,就好像人有眼睛就要东看西看,人有双脚就要四处行走一样,旅游的本质也是人的生命机能的具体表现。他把旅游按旅游者的身份、条件、情绪等各种自身因素,分为二十三类,如官游、士游、高游、穷游、老游、稚游、哄游、孤游、托游、便游、忙游、套游、挂游、势游、买游、赊游、燥游、趁游、帮游、苦游、肤游、限游、浪游等,并分别加以分析比较述评。周忱则对旅游鉴赏提出"能至、能言、能文"三个要素,强调旅游者的自身文化修养和艺术修养。明人论"游道",表现了中国古代旅游渐趋成熟。

纵观古代旅游文化，从旅游主体看，参加旅游文化活动的人的目的、方式、途径、心理、价值取向各异；从旅游客体来看，秀丽的山川、丰富的文化遗址、保存完好的古代建筑、千姿百态的民族风情、各具特色的地方风味等，都从不同角度构成了旅游空间，反映了每个时期的旅游文化、旅游美学等的走向，它们是中国旅游文化的“源”，今天的中国旅游文化是古代旅游文化的继续和发展，是“流”，所以说中国旅游文化源远流长。不过，由于受“君子述而不作”旧传统和偏见的影响，除少数有识有志之士留下部分游记之外，很少有人认真总结旅游文化活动的实践经验，所以对旅游文化史的研究以及对旅游文化规律的研究，都还有待于我们来认识、来总结、来提高。

**思考与练习**

1. 怎样认识旅游文化在旅游实践中的地位和作用？
2. 举例说明旅游主体文化、旅游客体文化、旅游中介文化三者的关系。
3. 说说中国旅游文化的源流关系。
4. 中国古代的旅游文化有哪些主要表现形式？
5. 建设旅游文化学科体系，应该从哪些方面着手？

# 第二章

# 旅游消费文化

**本章导读**

旅游消费文化对旅游消费的全过程,包括旅游购买动机、产品选择和旅游产品购买决策中的文化性以及旅游消费过程中所表现出的文化现象,结合现代旅游消费行为的具体分析进行研究和论述。消费者文化背景、环境和文化素质对旅游产品选择、购买决策有着重要的影响,而旅游者的消费形式又映射出旅游者的文化状况。旅游消费行为本身也是一种文化现象。在不同的文化环境中,旅游消费行为也会受到消费地文化环境的影响,呈现出不同程度的消费地文化环境和旅游者文化经历的交融。这种交融实际上是以旅游为媒介而形成的文化交流,这样的文化交流有利于促进文化的传播,同时又在一定程度上推动了旅游消费时尚的形成,时尚是文化的发展同时也是对传统文化、民族文化的某些内容的背离甚至抛弃。旅游文化的建设是否应该对旅游者的消费行为进行一定的引导,如何将旅游者个人的消费行为引导向更为合理优秀的文化轨道,也是本章探讨的问题。

## 第一节　旅游消费行为及其特征

### 一、旅游者和旅游消费行为

(一)旅游消费行为的概念

旅游消费行为,是旅游者选择、购买、使用、享受旅游产品和旅游服务及旅游经历,以满足其需要的过程。旅游业的产业价值,必须通过旅游者的旅游消费行为来实现;识别、预测和满足消费者的消费需求,则是旅游产品设计和营销的核心。旅游者是旅游的主体,旅游者只有在进行旅游消费的过程中才能更明显地体现出其文化特性,研究作为旅游主体的旅游者绝不能与其旅游消费行为分割开来。中国古代"竹杖芒鞋轻胜马"的旅游者,所采用的旅游方式与今天的自助旅游相似,在这样的旅游过程中,没有旅行社等服务性产品的参与,他们的旅游目的,也多是观赏风光。这种观赏不伴随今天意义上的消费,那时的众多旅游景观是没有人经营的。

但是,在这样的旅游过程中,仍避免不了请向导和住宿,以及车马的消费。因此,可以说,旅游者在实现其旅游行为的过程中,一直伴随着消费行为。但是,旅游消费在很大程度上是文化的消费,文化是旅游者消费的旅游产品价值的重要组成。同时,旅游者本身又是文化的载体和传播者。

(二)旅游者的类型

在研究旅游消费文化时,对旅游消费者进行分类是非常重要的。首先,将旅游消费者进行分类有助于我们更加清楚地认识旅游消费行为;其次,有助于帮助旅游经营者更加有针对性地进行产品设计、开发、定价和营销,有助于旅游经营者对产品促销方法和渠道等经营策略的选择和决策;最后,使研究者和旅游经营者更好地研究旅游消费行为的发展历史、现状,预测未来旅游消费行为的发展趋势。

多年来,研究者们一直在研究如何对旅游者的类型和他们的行为进行恰当的分类。1972 年,英国著名的社会学家科恩(Cohen)将旅游者分为四类。

(1)有组织的大众旅游者。他们购买包价旅游产品,前往一个著名的旅游目的地旅游,按照一个事先制定好的日程安排他们的旅游活动。

(2)单独的大众旅游者。他们通常购买较为松散的旅游产品,在旅游过程中拥有更多的自由,同有组织的旅游者相比,他们是为了寻找一些新奇的旅游经历。但是,他们依然依赖旅游行业的每个环节。

(3)探索者。他们自己制订旅行计划,自发地避免同其他旅游者接触。他们的目的是同旅游目的地的当地居民交流,但是他们仍然希望自己的旅游活动在一定程度上舒适和安全。

(4)漫游者。他们没有计划好的行程,常常是突发奇想地选择他们的目的地、旅行方式、住宿方式,同时尽可能地不依赖旅游行业的服务和产品。

普洛格(Plog)1977 年将旅游者的个性特点和他们的行为直接联系起来,从而将旅游者分为自我中心型和多中心型两类。前者是指那些不太具有冒险精神、性格内向的人。他们喜欢前往熟悉的或者非常流行的旅游目的地。而后者是指那些性格外向、喜欢冒险和刺激的人。

1979 年,科恩依据旅游者想要获得的旅游经历将他们划分为五个类型。

(1)娱乐型旅游者。他们强调的重点,是身体力行的、亲自参与的旅游活动。

(2)探索型旅游者。他们在度假时,试图忘记在家时的日常生活。

(3)经历型旅游者。他们想获得真实的经历。

(4)体验型旅游者。他们渴望与当地的居民接触。

(5)存在型旅游者。他们想完全沉浸于度假地的文化和生活方式中。

根据旅游者消费方式和消费目的的不同,参考专家的研究成果,我们将旅游消费类型进行如下划分。

(1)观光型消费者。这一类型的旅游者以观光为主要的旅游目的,他们选择的旅游目的地多是一些自然风光优美、人文景观丰富且有着较高的观赏价值的地方。他们的旅游消费依赖于旅游行业的产品和服务,如交通、酒店和旅游纪念品、导游服务等。

(2)体验型旅游者。这一类型的旅游者渴望一种和自己的日常生活完全不同或有很大差异的生活方式,希望通过短暂的旅游活动来体验别样的生活方式和文化特性。他们往往选择那些在生活方式和文化特征上,与自己所熟悉的生活范围有着较大差别的异国或异民族的生活地,作为自己的旅游目的地。旅游消费在一定程度上仍然依赖旅游行业的产品,但是在行程的安排上更加灵活;相对于观光型旅游者对导游服务的依赖,体验型的旅游者更加注重自我对于旅游地生活品质和文化特性的感知,获取特殊的生活经历。

(3)探索型旅游者。这类旅游者的旅游目的,是为了更直接地获取某一领域的知识,对某些特殊的现象或地域文化进行更加充分的了解和认识。

(4)探险型旅游者。他们的旅游目的,是为了获取异常的惊险刺激的经历。

(5)商务型旅游者。他们旅行的主要目的,是商务活动。但是,对于目的地的景观和当地居民的生活等文化现象,也有浓厚的兴趣,并在进行商务活动的同时进行观赏和体验。

(6)度假型旅游者。这一类型的旅游者,通常选择有着良好的生态环境的地区作为度假地,并常常和家人一起度过假期。这一类型的旅游者的消费行为,更加家庭化和日常化;度假期间的活动安排,主要以悠闲轻松的活动为主。

此外,以旅游过程中的组织形式划分,还可以将旅游者分为以下几种类型。

(1)团体包价旅游者。这一类型的旅游者,以团体为组织模式,在旅游活动内容和时间的安排上具有一致性,多人同时参与和完成相同的旅游活动项目。

(2)个体旅游者。这一类型的旅游者,按照自己的喜好选择旅游目标和活动项目。其中,又可以分为两类,一是自己的旅游行程和活动全部由自己安排,甚至不直接和旅游行业发生联系,比如采用自驾车或徒步旅行,自行安排居住设施,等等。二是自己选择旅游目标和活动项目,但依赖旅游行业的服务,比如,接受旅行社或其他旅游服务机构安排的与自己有着相同的旅游目标的旅游者的共同活动、交通和住宿。

## 二、旅游消费的文化特征

### (一)旅游消费是为了满足精神上的需求

旅游消费,是一种文化性的消费。在旅游消费中,旅游者付出时间、金钱和精力,所获得的不是具有实际使用价值的物质产品,而是一种心理上、精神上的满足和知识的收获。旅游者的旅游消费过程,从旅游对象和项目的选择、旅游方式的选择,到对旅游产品和服务的选择,都受到自己的旅游价值观、性格和经历的影响。

旅游享受的获得,也取决于旅游对象和旅游产品与旅游者兴趣和旅游需求的契合度。同样的旅游对象和旅游产品,在不同的旅游者的感受中有着不同的价值。

观光,虽然被认为是一种比较初级的旅游方式,但却是有着悠久历史的旅游方式,并且仍被众多的旅游者接受和选择。这一现象说明,旅游景观,包括自然景观和人文景观,对众多旅游者存在着长久的吸引力。这种吸引力的来源,正是景观本身所具有的深厚的文化内涵和文化属性的丰富性。旅游景观,从自然的形貌之美到内在的符合社会人的道德和价值标准的精神美,其丰富的美感特征,多层次的审美价值,对于不同时代和不同民族、年龄的旅游者群体,产生着不同的影响和吸引力。

随着旅游业和世界经济的发展,旅游消费的地域跨度越来越大。不同民族、不同国家的不同文化背景的旅游者之间,不同的旅游消费方式互相影响,促进了旅游消费方式的发展,形成了越来越多样化的旅游消费方式。各类旅游消费方式从其源头上来说,是和文化传统密切联系在一起的。比如,欧洲古希腊时期的旅游活动具有浓厚的宗教色彩,人们参加宗教节日和具有宗教性质的奥林匹克运动会以及朝圣活动,成为中世纪欧洲最主要的旅游方式之一。而中世纪后期,随着艺术的长足发展,欧洲人以学习和观赏艺术文化为主要目的的修学旅游,得到了长足的发展。在17~18世纪,许多贵族子女花费4年左右的时间环游欧洲,欣赏各国的艺术成果,接受艺术的熏陶。这些旅游方式的出现和发展,都带有极其浓厚的背景文化色彩。20世纪以来,随着世界范围内的经济文化交流的加强,人们可自由支配的时间和收入的增长,先进的交通技术的支持和人们教育水平的提高,各国间经济文化交往的日益密切,大众旅游活动得到了快速的发展。

随着旅游业的快速发展和世界经济文化交流的不断深入,跨国旅游更加频繁,各种旅游方式也被其他文化背景的人们所接受,形成了世界范围内旅游方式的多样化。

（二）旅游产品具有文化性

旅游消费的过程,包括吃、住、行、游、购、娱等环节,每一个环节的消费对象都具有文化属性。饮食、交通、住宿、购物,都包含着一定的文化内容。比如,不同地区的饮食具有不同的风味特点和制作习惯,这是受当地的自然条件、气候环境和宗教信仰等因素的综合影响,在长期的历史发展中形成的,体现着特定地区和民族的文化特色。而旅游的中心环节——游的过程中,其消费的旅游产品,包括景观、各类游客参与的活动等,都有明显的文化色彩。比如,游客在山区欣赏一座山峰奇景时,会同时接触到包含在山峰景物中的民族文化内容,包括了解与该山峰有联系的历史人物和事件,游历并欣赏山峰中的历史遗迹和石刻等艺术遗存,听到有关该山峰景点的故事传说,等等。因此,可以说,旅游消费是一种文化消费。

**阅读材料**

**旅游的文化性**[①]

多年以来,文化性资源始终是各国旅游业在国际上最具有比较优势的资源,文化旅游产品也是长盛不衰的产品。对旅游者来说,旅游消费的实质是文化性消费或消费文化。其中文化的同质性是一个方面,而更重要的一个方面在于文化的差异。一般来说,对旅游服务设施的要求是以同质文化为主,而对旅游吸引物的要求则以异质文化为主。文化差异形成吸引力,所以一切文化载体都能形成旅游吸引物。而许多文化是特定的,无可替代,对于许多发展中国家来说,这些方面都是得天独厚的,具有相对垄断性。在发展过程中,突出差异性,追求独特性,逐步成为旅游行业的共同选择。由此,将会形成文化多样性越来越强的良好局面。必须提供相应的产品,才能形成市场吸引力和竞争力。从本质上说,旅游者在寻找文化,购买文化,享受文化,消费文化;旅游经营者则是生产文化,经营文化,销售文化。文化品位越高,独特性越强,多样性越丰富,就越有发展前景。研究世界50年的旅游发展经验,可以说,特色是旅游之魂,文化是旅游之基,环境是旅游之根,质量是旅游之本。

(三)旅游消费行为与文化的传播、交流和发展密切联系在一起

旅游活动,是一种文化性活动。对文化的直接感知和体验,成为现代旅游的重要目的。旅游的特征之广,就是旅游者的空间转移。旅游者,带着在自身的文化氛围中形成的审美习惯、思维方式和旅游消费行为模式,进入另一个文化空间,必然要发生文化的接触和交流,将自身的文化属性造就的消费模式带入旅游目的地。旅游欣赏的过程,实际上是欣赏和了解,在产生了审美愉悦的同时,异质文化的部分因素已经在自觉或不自觉中被旅游者接纳,并可能逐渐成为其自身文化特质的一部分。同时,在和旅游地居民的交流过程中,旅游者也以自身的文化特性对他人产生潜移默化的影响,而大量的旅游者的进入,也带来了多种文化元素,使旅游地的文化特质产生一定程度的改变。

在改革开放以前,很多西方人不能客观、正确地认识中国;中国这一古老的东方国家,在西方人的心目中具有不可亲近的神秘感。而改革开放之后,到中国来旅游的人越来越多,中国以其特有的悠久历史积淀而形成的文化传统和优美的自然风光,吸引了世界范围内旅游者的目光。在频繁的旅游活动中,世界旅游者不仅领略了中国的大好风光,而且对中国的文化和社会有了更加客观和正确的认识;同时,中国文化也通过山水风光的美丽形象、历史古迹的沧桑悠久、中国人民的礼仪风采,形象地展示了中华文化的博大精深,文明古国的优良传统。从另一个角度来说,中国旅游者也不断地到世界各地去旅游,了解其他国家和地区的文化,并吸收

① 资料来源:魏小安.旅游基本特性新论.人文旅游.杭州:浙江大学出版社,2005:24.

他国的文化元素，促进了中国文化新的发展。

在现代旅游活动中，选择异民族生活地作为旅游目的地的旅游形式，已经成为具有特别价值的旅游形式。这种形式的旅游活动，既能欣赏到他乡生态自然风光，又能了解和感受到异族文化的风情。如，我国西南少数民族众多的区域已经成为新的旅游热点，泸沽湖、大理、西藏等许多地方，具有独特的民族文化和民俗风情，对旅游者的吸引力越来越大。

## 第二节　旅游消费过程的文化渗透

### 一、旅游消费过程中的文化心理

（一）旅游消费的过程

根据解决问题的不同阶段，消费者的消费行为可以划分为以下几个环节：旅游需求的感知和发展→购买前的计划和购买决策的制定→购买行动本身→购买后行为，这可以引起重复购买、重复销售和消费后对产品的处理①。这四个序列也就是旅游消费过程的四个阶段，其中第一阶段是旅游动机的存在和发展；第二阶段是消费决策阶段；第三阶段是消费的实现；第四阶段则是对消费的总结评价，并与下次的旅游消费相连接。对旅游消费行为的文化解析应对旅游消费的几个过程进行分别探讨，了解旅游消费各阶段的文化显现和文化对旅游过程的渗入和影响。

购买前行为：对于旅游者而言，购买前行为就是对旅游方式和目标的选择过程。

购买行为：旅游者的购买行为就是旅游计划和决策的实施过程，也可以说是旅游体验阶段。

购买后行为：旅游者的旅游经历是否愉快，所观赏的景点、服务人员的服务是否令人满意等构成旅游者对某次已经结束的旅游活动的评价，其满意程度直接影响到旅游者对于某类景观和旅游企业的信心和下次的选择。

（二）影响旅游消费的心理因素

需求产生动机，动机引发行动，行动满足需求，然后出现新的需求，如此循环往复。旅游动机和行为也是来源于需求的原始推动。首先，旅游需求本身就是一种心理上的需求。探求新异事物的好奇，摆脱日常生活工作压力的愿望，找寻美好生活的体验等心理需求是催生旅游动机的重要力量。其次，在旅游消费过程中，心理因素在一定程度上决定着人们旅游体验和经验的获取。同样的旅游经历，游览时的心理状态发生了变化，旅游感受会有很大差别。同样，在相同的旅游活动中，和

① ［英］约翰·斯沃布鲁克，苏珊·霍纳. 旅游消费者行为学. 北京：电子工业出版社，2004.

不同的人一起旅游,也会造成旅游感受的巨大差异,这正是由于与不同的人相伴时,人们的心理状态可能完全不同,而这种心理状态的差异就直接造成了旅游体验的差异。最后,旅游者的心理还会对旅游消费的种类和内容产生很大的影响。愉快、轻松的心理会使旅游者在旅游过程中不断尝试参与各类活动项目,旅游消费形式和内容会较为丰富;而焦虑、忧伤等消极心理则会使旅游者的活动兴趣大大降低,旅游消费内容和形式也相对单调。除此之外,旅游者的心理还会对旅游服务质量的评价产生极大的影响。

**案例**

### 布朗一家①

也许我们可以通过这个微型案例——一个虚构的家庭"布朗一家",来更好地描述心理状态对旅游活动的影响。

1988 年,布朗夫人和布朗先生结为夫妇,他们在法国的维埃拉度过了浪漫的新婚蜜月。他们都非常热衷于帆船运动,之所以选择这个旅游目的地就是因为他们想要每天都一起航海。他们沉迷于帆船运动,每天晚上都要选择浪漫的地方享用烛光晚餐。对于他们这两个爱冒险的年轻人来说,他们还参与一些其他活动,如攀岩和热气球。布朗夫人比较喜欢参观艺术博物馆,但是她的丈夫并不感兴趣,所以她选择了放弃,因为她不想让她的丈夫不高兴。

到了 1998 年,情况发生了变化,布朗夫妇拥有了两个女儿,他们之间的关系愈来愈恶化。布朗先生仍沉迷于帆船运动,但是布朗夫人已经放弃了。1998 年,他们一家和他们的朋友一起到希腊一个小岛上的农庄度假,他们说这是因为他们很久没有见这些朋友了。然而,他们此次出行的真正目的动机是为了夫妻之间更好地沟通,一起来分担照顾孩子的义务,减少他们夫妻之间长久以来造成的隔阂。整个假期都围绕着让孩子高兴这个目的来设计安排,因为他们知道如果孩子们很沮丧,那么前来度假的每一个人都将度过一个糟糕的假期。布朗夫人还暗暗希望在丈夫去航海的时候,能够在海滨碰到一个新的爱人。而布朗先生则想通过航海来放松自己。然而,就在一天晚上,他们采纳朋友们的建议,去几年前曾到过的一家餐厅,享用烛光晚餐,并且一起欣赏海港的美丽夜景。可是这天晚上实在是糟糕,双方在一种非常冷淡的氛围中度过了一个夜晚,甚至没有和对方说几句话。

(三)旅游动机和文化心理

旅游动机分为潜动机和显动机,潜动机是指人们对旅游活动的理性认识,对旅游价值的评价,是人们对旅游行为的需求和向往,也即想要去旅游的欲望。旅游动

① [英]约翰·斯沃布鲁克,苏珊·霍纳著. 俞慧君,张鸥,漆小燕译. 旅游消费者行为学. 北京:电子工业出版社,2004.

机的产生是因为旅游者存在着内在的旅游需求,而这种需求超越了生理和物质需求,具有社会文化的意义。这种欲望和需求的产生,从其源头上说又与一些非旅游因素和目的的推动有关。文化具有民族性,同时具有历史传承性,因此旅游的潜动机有着民族的共性和个性。民族的旅游观与民族的历史文化有着密切的关系。首先,各民族最早的旅游活动都是其他目的活动的衍生或附属,比如,欧洲的旅游历史可以追溯到古希腊时期,那时的旅游活动在性质上与宗教活动密切相关,人们参加各种宗教节日和奥林匹克体育竞赛,这一切活动都是以宗教为主要目的。之后,罗马人则开始了为休闲和娱乐而进行旅游的时期,但这时的旅游是上等特权阶层的旅游方式,而不是大众性的。真正的大众旅游是朝圣旅游,如公元 1300 年就有 30 万人参观了罗马,而其他一些宗教圣地如耶路撒冷和圣地亚哥等也成为宗教信徒们的主要目的地。到了中世纪末期,修学旅游在欧洲得到了长足的发展,在 17 ~ 18 世纪达到了巅峰,许多贵族子女环游欧洲,学习语言和文化,欣赏艺术品,等等。到了 18 世纪后期,更多的成年旅游者和中产阶级的旅游者加入了这一行列,受艺术上浪漫主义运动的影响,自然风光、艺术作品等成为主要的吸引物。同时更多人开始享受旅游,关注健康的温泉旅游、海滨度假旅游等也渐渐兴起。研究欧洲的旅游发展历史可以发现,在欧洲人的旅游理念中,旅游活动和探求新奇事物、传道、体验和欣赏艺术文化、健康休闲等密切相关,对旅游活动的需求正是出于对旅游活动的这种认识,也就是认为人们能够从旅游活动中获取知识、神佑、健康等益处。这是欧洲人的旅游价值观,也是其旅游潜动机的主要内容和特点。

## 二、旅游消费过程中的文化传统

### (一)中国传统的旅游价值观

中国的旅游活动有着悠久的历史,从很多历史文献中可以清晰地看到中国人的旅游价值观。归结起来中国人传统的旅游价值观有以下代表性的论述:①驾言出游,以写我忧。(《诗经·泉水》)②知者乐水,仁者乐山。(孔子《论语·雍也》)③山水,性之所适。(谢灵运《游名山志序》)④何必丝与竹,山水有清音。(左思)⑤鸢飞唳天者望峰息心,经纶事务者窥谷忘返。(吴均《与朱元思书》)⑥江山留胜迹,我悲复登临。(白居易《与诸子登岘山》)

综合以上关于旅游价值的言论,可以对中国的旅游价值观作如下归纳:

一是认为游览活动是生命无拘束无压力的表现。二是将游览作为可以消解忧愁郁闷的方法。三是将出游作为一种积极的生活方式来追求。前两者之间有着内在的因果关系:正是因为认识到游览是一种无压力无拘束的活动,才试图将苦闷的心灵交付于游览活动,以便能使心灵得到解放,达到消忧解愁的目的。第三种旅游价值观在古代中国知识分子中也有充分的表现,很多知识分子看到社会的黑暗,不满社会现实,但又无力改变现实状况,便投身山水,纵情遨游,以表示自己人格的高洁,旅游于是成为一种高尚的人生状态。

（二）古代中国人旅游的文化追求

与传统的旅游价值观相联系,中国人传统的旅游文化追求基本上可以归纳为以下几种。

1. 舒解压力,调节心理

和西方很早就流行的旅游活动可以使人身体健康的旅游价值观有所不同,中国古代的旅游价值评价更偏重于旅游活动在心理和精神上的作用,认为山水自然景物对人的心灵有疗治作用。从孔子的“知者乐水,仁者乐山”的德比山水,到左思的“何必丝与竹,山水有清音”的妙悟山水,再到谢灵运的“山水有清晖,清晖能娱人”的愉悦山水,到陶弘景的“山川之美,古来共谈”的激赏山水,到李白的“相看两不厌,唯有敬亭山”的知音山水和“一生好人名山游”的钟情山水,可以看出人们对山水的热爱之情千古同一,不同的只是人们热爱山水的方式和审视山水的角度。每一个时代,因其社会风气、文化思潮以及政治背景的不同,文学作品中的山水形象也有很大的差别,可以说,每个时代的文学作品中的山水都带有时代的烙印和历史的纹理。历史上有众多的旅游者是在现实生活中受到这样那样的痛苦折磨而选择旅游的方式以使内心安宁,忘却现实的苦闷的。在中国人的心目中,山水自然景物是自生自在的,不带有任何的功利和世俗的色彩,因此,在山水之中,可以使人忘却现实生活中的名缰利锁和钩心斗角,使人恢复内心的宁静和纯净。

关于游览活动及游览感受的记载在汉以前典籍中也多有出现,如《战国策·魏策》中写梁王魏婴觞诸侯于范台章:“昔楚王登强台而望崩山,左江而右湖,以临方湟,其乐忘死。”《淮南子·齐俗训》中有:“所谓乐者,游云梦,陟高丘。耳听九韶六茎,口味煎熬芬芳。驰骋夷道,钓射鹔鹴。之谓乐乎。”边让的《章华台赋》序:“楚灵王既游于云梦之泽,息于荆台之上。前方淮之水,左洞庭之波,右顾彭蠡之隩,南眺巫山之阿。延目广望,骋观终日。顾谓左史倚相曰:‘盛哉此乐,可以遗老而忘死也!’于是遂作章华之台,筑乾谿之室,穷木土之技,单珍府之实,举国营之,数年乃成。”《说苑》卷七《正谏》中有:“齐景公游海上,乐之,六月不归。”“楚昭王欲之荆台游,司马子綦进谏曰:‘荆台之游,左洞庭之波,右彭蠡之水,南望猎山,下临方淮,其乐使人遗老而忘死。’”说明古人对游览的热爱是早已有之,而且热情很高,并认为在山水美景中,人们可以完全忘记山水美景以外的事物,体验到一种纯净如山水般的内心世界,从而可以消弭内心苦闷,放松身心,调节情绪。

2. 怀古

中国有重古的传统,珍惜民族的历史,重视历史古迹和先贤遗迹,白居易的“江山留胜迹,我辈复登临”是很好的写照。不但与历代名人有关的景点成为旅游热点,即使是自然风景,只要有古代文人的题咏也就变得身价倍增。正是由于这个原因,各地旅游景观建造中出现了复古的热潮,重修、再造已经损毁的古代建筑成为中国旅游之大观,滕王阁、雷峰塔、寒山寺等虽早已不是原来的建筑,却依然吸引着无数人前去观赏。古代的民族艺术和文化作品也是吸引旅游者的重要力量。

在山水景观的审美中,人们十分注重山水自然美中体现的人文品格,往往是"山以贤称,境缘人胜"。(元王恽《游东山记》)对于和历史人物有密切联系的山水景观给予更多的关注和兴趣。在形成景观吸引力的因素中,人文因素对中国以及受中国文化影响的国家的旅游者比对西方旅游者更能激发其游赏动机。

3.欣赏自然

古代文学作品对于中国人审美心理有着巨大的影响,而在中国古代文学中,描写华夏风光自然美景的作品不计其数。受传统旅游价值观的影响,自然界在中国人的心目中不仅是拥有优美风光的客观存在,更是代表着自由个性的空间,因此,旅游活动一直被认为是高雅的活动,是一种高层次的生活方式,一种精神享受,这就是普遍存在于中国人意识中的潜在的旅游动机。中国人对旅游活动的热衷,也正是这种旅游文化驱使的结果。

4.标示自我人格境界

在古代中国知识分子的心目中,旅游是一种高尚风雅的活动,很多人在对社会现实不满的情况下,将目光投向自由自在的大自然,并将大自然视为黑暗污浊的社会的对立存在,投身自然意味着自己选择与社会丑恶现象的背离,代表着另一种与自然的纯净清高相一致的人生和人格境界。古代很多知识分子,尤其是那些正直而不得意的知识分子,以遨游山水的方式向社会和世人昭示自我的人格和人生价值观。

文化追求往往具有多重性,不同的年龄、经历和性格等因素都会造成旅游动机的不同表现。在旅游发展的过程中,尤其是现代旅游全球化发展的趋势下,各类不同文化历史中形成的不同特征的旅游动机也在文化的交流和融合中互相影响着,使人们的旅游动机呈现出多元化的趋势。不同的旅游动机影响着旅游者们对旅游目的地和旅游活动项目的选择。而当某一种旅游动机在一定的外在条件的刺激下,产生了明确的有倾向性选择的旅游欲望时,就成为旅游显动机,它直接导致旅游决策和旅游计划的产生。

**阅读材料**

### 《兰亭集》序

(晋)王羲之

永和九年,岁在癸丑,暮春之初,会于会稽山阴之兰亭,修禊事也。群贤毕至,少长咸集。此地有崇山峻岭,茂林修竹;又有清流激湍,映带左右,引以为流觞曲水,列坐其次。虽无丝竹管弦之盛,一觞一咏,亦足以畅叙幽情。是日也,天朗气清,惠风和畅,仰观宇宙之大,俯察品类之盛,所以游目骋怀,足以极视听之娱,信可乐也。

夫人之相与，俯仰一世，或取诸怀抱，晤言一室之内；或因寄所托，放浪形骸之外。虽趣舍万殊，静躁不同，当其欣于所遇，暂得于己，快然自足，曾不知老之将至。及其所之既倦，情随事迁，感慨系之矣。向之所欣，俯仰之间，已为陈迹，犹不能不以之兴怀。况修短随化，终期于尽。古人云："死生亦大矣。"岂不痛哉！

每览昔人兴感之由，若合一契，未尝不临文嗟悼，不能喻之于怀。固知一死生为虚诞，齐彭殇为妄作。后之视今，亦犹今之视昔。悲夫！故列叙时人，录其所述，虽世殊事异，所以兴怀，其致一也。后之览者，亦将有感于斯文。

### 三、旅游消费过程中的文化导向

在旅游价值观的影响下，对旅游活动的向往本身是一种模糊的意念，不具有确定性的旅游行为，要把旅游意念转化为确定的、现实的行为，就要有具体游览目标。而游览目标的确定和选择，表现出来的就是一种文化导向，或者说是显性的旅游动机。

旅游者旅游行为的实现，首先，是旅游目标的选择，也就是旅游产品的选择。旅游产品包括旅游目的地、旅游观赏对象即景观，旅游服务（包括旅行社、饭店等）、时间（季节、节日等）等方面。

其次，是旅游内容的选择。旅游产品日益丰富，传统意义上的观赏旅游已经不是旅游活动的全部内容，发展为包括探险旅游、康体旅游、体验旅游、科技旅游、修学旅游、商务旅游、发展旅游等丰富多样的旅游。不同年龄、不同文化背景和不同文化层次的旅游者在不同的时期所选择的旅游内容也不相同。影响旅游者的选择结果的社会文化因素，就是形成其旅游显动机的主要力量。

最后，是旅游方式的选择。是选择团体旅游的形式，还是个体或者家庭旅游形式；是选择休闲度假的旅游内容还是冒险刺激的内容等，体现出旅游者年龄、文化层次、经历、收入、文化背景、性别、性格、婚姻状况等方面的差异性。

另外，某些社会历史文化甚至政治因素，个人的生活和心理状态，也对旅游者的显性旅游动机产生很大的影响。

### 四、旅游消费过程中的文化体现

#### （一）旅游者的文化背景和层次决定其旅游消费过程

在旅游动机经历由隐性到显性的发展，旅游决策和计划确定之后，就进入旅游计划的实施阶段。旅游动机的实现过程，也就是现实的旅游消费过程。这一阶段旅游者支付旅游费用，购买并享受旅游产品，获得个人的旅游体验，如对风景、旅游文化活动和旅游服务的感知和评价等。旅游消费行为具有商品消费的性质，但消费的结果也就是获得旅游体验却是文化性的。随着全球范围内旅游事业的快速增长，旅游消费也呈现出国际化趋势，消费内容的选择和对旅游产品的体验感知和审美方面,都存在着较大的文化差异。

在旅游消费过程中,面对千姿百态的旅游景观,对其中的哪一部分景观印象深刻,对哪一部分完全没有兴趣或是基本没有印象,不同旅游者的结果是不同的。即使面对的是完全相同的景物,接受的是完全相同的服务,不同的旅游者的审美感知也是不同的,所欣赏到的美及其丰富性和深刻性是有着很大的差别的。这样的差别来自于旅游者自身的文化修养、受教育程度、经验、所处阶层、从事职业等综合性的文化因素,这些文化因素对其旅游兴趣和审美感知能力有决定性的影响。

在中国传统文化背景下生活和成长的人们长期受中国传统审美方式和思维习惯的影响,旅游者个人的审美习惯不可避免地带有中国传统的审美特点。同时,旅游消费过程中,对审美对象的感知和理解还与个人的其他文化因素有着密切的关系,如经历、经验、旅游时的情绪等。一些有着特殊经历的人在面对一些与他的特殊经历有关或类似的景物或服务时,往往会产生异于他人的感受和表现。而那些有着丰富的旅游经验的人对景物和服务的要求会较高,并且不容易产生满足感,另外,那些旅游经验丰富的人更容易发现景物的独特之处。正如白居易所说:"竹不能自异,唯人异之。"同样是菊花,李清照眼中是"满地黄花堆积,憔悴损,如今有谁堪摘?"(《声声慢》)凄冷伤感,触目皆愁;而在苏轼的眼中却是"菊残犹有傲霜枝"(《赠刘景文》),风骨铮铮;而陶渊明的"采菊东篱下,悠然见南山",却是无喜无忧,唯有一份宁静洒脱。

这种旅游兴趣和选择的差异不仅存在个体间的差异,也存在群体性的差异。人类学认为,社会并非由不同的人组成,而是由不同的群体所组成。所以,不同的群体也就存在着不同的兴趣、审美倾向。而这种群体性的差异正是来自于不同群体的文化背景的差异性。

(二)时代特征、社会思潮也会对旅游者的旅游消费过程产生深刻影响

旅游消费具有时代性特点。首先,旅游活动所借助的物质条件取决于社会生产力发展水平。其次,人们对旅游对象之美的感受和理解受当时的认识水平和文化发展水平的制约。比如,在秦汉以前,人们对自然的认识非常有限,人们还不能以科学的眼光去看待山水自然,在很多人的心目中,山水自然给人们提供物质资源,同时也显示着某种神秘的力量,带有神秘恐怖的色彩。传说尧在选择继任者时,考察舜的方法就是让他进入山林川泽中,而舜在山林的暴风雷雨中竟然不会迷路,因而被认为是圣人。秦汉至魏晋南北朝时期,寻仙风气大盛,高山大海被认为是神仙居住的地方,既神秘又令人向往。在中国历史最强盛的封建朝代——唐代,人们充满了盛世的自豪和文化的自信,仗剑去国、辞亲远游的行为表现着豪迈的人生追求,山水自然在人们心目中不仅是美的存在,也带有浓厚的浪漫色彩。时代不同,文化氛围也就不相同,不同的文化思潮影响下的旅游审美也呈现出不同的特点。

不同时期的消费观念也对旅游消费行为产生影响。由于我们国家经历了长期

的贫穷落后,消费观念相对保守。过去相当长的时期内,人们消费的目标是为了满足衣食住行等基本的生活需要,是不得不消费。而花钱出去游山玩水被认为是浪费,是不必要的。随着社会生产力的提高,国家经济的发展,人们的闲暇时间和个人可支配收入增多,消费观念也发生了很大的变化。消费的目的已经不光是为了满足基本的生活需要,更是要享受生活,享受人生。在这样的消费观念的影响下,旅游消费不再被认为是浪费,而成为一种必要的消费。在这样的消费观念的支配下,旅游者更重视旅游过程的舒适性和愉悦性,因此,对旅游景点的文化氛围、环境和旅游服务都有了更高的要求。

## 第三节　旅游消费行为的文化走向

### 一、旅游消费需求多样化

随着旅游业的发展,人们可支配的收入和闲暇时间的增加,人们的旅游需求越来越强烈,旅游需求也趋于多样化。

(一)旅游消费主体范围扩大

随着世界经济的发展,旅游业也产生着巨大的变化,旅游服务意识和服务手段与以往相比都有了很大的发展,旅游的舒适性增强,更多的人产生了强烈的旅游需求。从年龄上来说,旅游活动不再是身体强壮的年轻人的专好,老年人和儿童的旅游需求也在增长。从身体状况来说,由于旅游功能的开发,旅游活动具有了保健、医疗、疗养的功能,因此,一些身体不十分健康的人可以在旅游活动中获得有益健康的收获。从社会阶层区分来说,社会经济的发展使更多的人拥有了可自由支配的闲暇时间和金钱,同时,社会福利在向更好的方向发展。在物质生活条件有保障的情况下,旅游不再是富有阶层的奢侈享受,而是转变为一种更为大众化的文化消费,更多社会阶层的人们产生了旅游需求。从世界范围来看,过去,发达国家的旅游消费水平较高和消费能力较强,而发展中国家则相对较低、较弱,尤其是远程出境旅游方面,发展中国家和发达国家之间存在着很大的差异。新的情况是,非传统的旅游大国的出境旅游正在迅速增长,世界范围内的旅游消费主体群在增大。

**阅读材料**

**亚洲国家的出境旅游①**

传统意义上讲,亚洲唯一的旅游输出大国只有日本。然而今天,随着亚洲的经

① [英]约翰·斯沃布鲁克,苏珊·霍纳著. 俞慧君,张鸥,漆小燕译. 旅游消费者行为学. 北京:电子工业出版社,2004.

济增长,其他国家和地区的出境旅游也在迅速增长,特别是韩国和中国台湾地区。

旅游者到世界各地旅游,其中包括欧洲和美国。此外,来自中国香港地区、马来西亚、新加坡和印度尼西亚的旅游者到东南亚旅游的人数也在增加,特别是短期的购物旅行。这种旅游方式的增长主要得益于两方面,一方面是国家地区之间距离较近,另一方面是地区间的航空线路高度发达。

今后还会开发出两个巨大的市场:

中国 快速的经济增长和市场经济的发展会造就出一个新兴的富裕阶层,他们希望把出国旅游作为娱乐方式。

印度 它在世界范围内拥有中产阶级人口最多。

随着亚洲旅游者活动范围的扩大,旅游业有必要考虑亚洲文化和亚洲旅游者需求与其他国家的差异。旅游业还需要注意的是韩国旅游者和中国旅游者与日本旅游者也并不相同,绝对不能像对待日本旅游者那样对待所有的亚洲客人。

(二)对旅游功能的需求日趋多样化

旅游消费的含义将更加广泛,人们的旅游消费需求不仅表现在对旅游景观形貌声色及文化内涵的要求和欣赏,还表现为对旅游服务的审美感知和评价,并将旅游服务的审美性作为旅游需求的组成部分。在旅游过程中除了观光和审美的需求之外,健康、生态、交际等也将成为旅游的功能需求。一些旅游者希望在旅游过程中得到健康和快乐,也会有一部分旅游者希望在旅游过程中结识更多的朋友,将旅游作为一个流动的交际空间,培养友情。而一些公司也将奖励旅游作为增强员工间的感情联络,增强团队合作精神和力量的重要途径之一。

## 二、旅游消费内容多样化

如今,旅游市场和与之相对应的旅游消费行为正在发生着巨大的变化,旅游消费内容呈现出多样化趋势。旅游消费内容的多样化表现为以下几个方面。

(一)传统旅游形式的复兴

以观赏自然风光、人文景物为主要内容的传统旅游形式正在复兴,但是,传统的观光旅游和文化旅游的内容却在发生着变化。首先,旅游者对异质文化的态度由观赏而变为体验,其在旅游地文化中的身份也由观赏者变为经历者,旅游的目的也已经不再仅仅是为了增长见识,而成为理解旅游地文化,并将旅游地文化和自身的背景文化形成一定程度的交流。其次,传统的旅游形式将对生态环境和旅游文化环境提出更高的要求,对景观的独特性的要求也更明显。另外,流行文化正成为旅游的热点,比如,有影响的电影和电视的拍摄现场,影视故事的发生地,与各类明星有关的场所,等等,都因为有旅游者喜爱而成为旅游热点地区。

(二)对新型旅游产品的需求增加

随着人们旅游消费需求的多样化,传统的旅游形式已经不能完全适应人们的需求了，现代旅游业出现了很多新型的旅游产品，对新型旅游产品的需求仍将继续增长。比如，家庭旅游、健康旅游、生态旅游，等等。

家庭旅游。家庭旅游是现在很受欢迎的旅游形式，包括夫妻度假旅游、婚礼旅游和儿童旅游。如今，儿童的旅游需求越来越明显，更多的家庭希望孩子通过旅游得到快乐和知识，因此儿童已经开始影响到家庭旅游目的地和旅游目的物的选择，甚至儿童可以参加不需家长陪伴的团体旅游项目，在这些旅游项目中，儿童拥有了更大的活动空间。与传统的家庭模式相比，现代婚姻家庭的一个重要特点就是不少的夫妻决定不要孩子，丁克家庭拥有更多的闲暇时间和可自由支配的收入，夫妻旅游成为新型的旅游产品，拥有广阔的市场。另外，新婚旅游（包括婚礼旅游）也成为颇受欢迎的旅游产品。目前在世界范围内已经形成了一批婚礼旅游胜地。

旅游者对于家庭旅游的需求不仅呈现出越来越普遍的趋势，也表现出个性化的特征，从旅游目的地和旅游方式的选择，到对旅游服务的要求都是如此。

健康旅游。保持健康一直都是旅游的重要目的之一，现代社会竞争日益激烈，来自各方面的压力越来越大，同时，自然环境存在严重恶化的趋势，健康成为社会关注的焦点问题，在人们的旅游需求中，对健康的诉求呈现出新的特征。健康旅游覆盖了很多的旅游类型，比如度假，是为了放松身心，缓解压力，调养身体；各种具有保健和治疗功能的旅游项目，如沙浴、海泥浴等，受到更多旅游者的欢迎；温泉和其他形式的疗养旅游等也有了更大的市场。

生态旅游。生态旅游由于其破坏性小、温和、对环境影响较小，更符合生态环境保护要求而被认为是一种可持续发展的旅游产品。生态旅游活动令旅游者更加接近原生态的自然，无论是从中获取知识还是开展体育或冒险活动，都可以给旅游者带来更大的满足感和旅行的独特感。

（三）旅游消费结构的改变

随着旅游产业的发展和世界经济水平的提高，人们对生活的要求也早已从物质层面提升到精神层面，旅游方式也有逐渐往更高层次提升的趋势，2009 年，国家旅游局确定的旅游主题是休闲游，而国家旅游局也将出台国民休闲计划，这表明休闲旅游即将成为国内旅游的主导形态之一。休闲旅游的兴起代表着人们生活态度和消费观念的变化。休闲旅游是以社会休闲需求为需求，在个体休闲心理基础上形成的休闲行为的一种，具有旅游时间长、消费高等特点，以放松身心为核心诉求，因而不同于传统的观光旅游求新求异、追求感官刺激的特点。休闲旅游的本质在于旅游者的休闲心态，追求悠闲适意的生活，因而这种旅游方式的兴起也代表着旅游消费心理的转变，旅游消费不再是购买景物的欣赏权，而在于购买一种让旅游者感到舒适轻松的生活环境和时间，消费的重心也在转移。

随着中国经济的发展，私家车的拥有量越来越大，据相关机构研究，中国将代替美国成为世界第一汽车消费国，自驾游也具有很大的发展空间。自驾游不再依赖旅游交通工具,甚至餐饮、住宿的需求也不再完全依赖旅游企业,对于道路、交通标示、加油、汽车维修、露营设备等的消费需求却大大增加,旅游模式的变化也大大改变了旅游消费的内容。

虽然旅游方式的改变引起了旅游消费结构的变化,但是旅游服务依然是旅游消费的重要内容,但对服务的要求却与以往不同,除了更加注重服务质量和专业水平之外,对服务的个性化要求越来越明显,旅游服务势必从标准化和集中化向个性转变。

## 三、旅游消费方式多样化

### (一)汽车自驾游

经济的发展使得私家车的拥有量越来越大,汽车自驾游因为其活动自主性强、自由度高,可以不受团体旅游的时间和旅游项目等的约束,可以随着自己的意愿决定旅游的线路、时间和速度,更好地享受旅游过程的惬意和轻松,因而受到很多私家车拥有者的喜爱。

### (二)自助游

自助游的特点也是比较自由,充分满足个人的个性需求,不受线路、时间的限制,因而特别在年轻人中间流行,自助游越来越被当做一种时尚而得到推崇。自助游发展需要这几方面的条件:1. 交通便捷;2. 信息准确充分;3. 目的明确。如今,科技的进步带来了交通的巨大发展,交通工具越来越先进,出行效率越来越高,空间距离相对大大地缩短;随着网络覆盖率的提高和网络内容的精细化,通过互联网查找旅游目的地的信息,确定游程,预订宾馆,使得自助游更加轻松,质量也更有保证。

### (三)全包价旅游

全包价旅游不是新出现的旅游方式,在旅游业发展的早期,一些旅游业发展早而且快的国家旅游业中就出现了。但是,现在全包价旅游的概念有了新的变化,方式和内容更加灵活,旅游者在旅游过程中拥有更多的选择和决定权,比如饮食、旅游行程安排等。由于这种形式的旅游可以使旅游者在旅游活动开始之前就可以很好地预见自己的旅游费用,可以更好地制订旅游计划,同时也可以使旅游过程更加轻松,因此这种旅游产品还是受到很多旅游者的喜爱。

### (四)巡游

巡游是指在一定时间内逐一观赏和体验某一区域景点和其他旅游项目的旅游方式。这种旅游方式过去很长时间内被认为是少数成功人士的特有休闲旅游方式,因为这种旅游方式花费较大,所需时间也相对较长。但是,旅游业的发展一方面使巡游的消费价格有所降低,另一方面,更多的人有能力选择巡游的旅游方式,因此,巡游将会为更多的旅游者所接受和选择。

### (五)个性主题游

一些旅行社推出针对市场特定消费群体的主题旅游产品,受到了欢迎,比如针对都市白领工作节奏快,没有时间交友而设计的白领交友游;针对都市女性的女性美丽游;针对青年游客的野营游;针对城市人而设计的农业劳动体验游等,都取得了很大的成功。今后,为了适应不断变化的市场需求,旅游经营者将不断推出更多个性化的主题旅游产品。

**思考与练习**

1. 旅游消费的文化性体现在哪些方面?
2. 旅游消费的行为过程有哪几个阶段?
3. 影响旅游消费行为的文化因素有哪些?
4. 旅游消费的主体差异性表现在哪些方面?
5. 中国传统的旅游价值观的主要内容是什么?
6. 试分析旅游消费需求的发展趋势。

# 第三章

# 旅游资源文化

**本章导读**

旅游资源是形成旅游产品的基础，是开发旅游产品和发展旅游产业的基本条件。旅游资源的开发是发展旅游产业的必经之路，而旅游资源的开发必须建立在对旅游资源的科学认识上，对其文化内涵和价值的准确把握上。我们国家幅员辽阔，旅游资源十分丰富，本章对旅游资源的概念内涵、类型及其文化内涵和价值进行全面分析，并对目前我国旅游资源开发的现状及存在的问题进行探讨。

## 第一节　旅游资源的文化特征

### 一、旅游资源的概念和内涵

（一）旅游资源的定义

关于旅游资源的定义有很多种，以下摘录部分学者对旅游资源的定义：

（1）旅游资源就是吸引人们前来游览、娱乐的各种事物的原材料，这些原材料可以是物质的，也可以是非物质的，它们本身不是游览的目的物和吸引物，必须经过开发才能成为有吸引力的事物。（黄辉实，1985）

（2）自然界和人类社会凡是能对旅游者产生吸引力，可以为旅游业开发利用，并可产生经济效益、社会效益和环境效益的各种事物和因素，都可以视为旅游资源。（国家旅游局资源开发司，1992）

（3）目前已经利用和尚未利用的、能够吸引人们开展旅游活动的有关自然过程、人类活动以及它们在不同时期形成的各种产物之总称。（阎守邕等）

（4）凡是经过开发能够吸引游客的东西都可称为旅游资源。（何礼荪）

（5）旅游资源是指在自然界或是人类社会中凡能对旅游者产生吸引性、有可能被用来规划开发成旅游消费对象的各种事与物（因素）的总和。（苏文才）

以上的阐述，较准确地定义了旅游资源。旅游资源和旅游产品，是两个不同的概念。旅游产品，是旅游者旅游消费的对象，包括旅游吸引物和旅游服务及旅游设施等；而旅游资源，则是指可以成为旅游欣赏物的客观存在，包括自然资源和社会文化资源。它是构成旅游产品的主要因素，是旅游开发的主要对象，是旅游审美的核心内容，也是旅游业发展的重要基础。

（二）旅游资源的内涵

1. 旅游资源是一种没有经过规划设计的客观存在

无论是自然资源还是社会文化资源，在它形成的过程中都是自然的，没有经过人们的规划和设计。山川湖海、平野草原、峡谷瀑布、山花林木等自然风物，是自然力量塑造的，是一种有着其自身存在、发展和演变规律的客观存在。而宫殿民居、历史人物和事件的遗存、摩崖石刻、建筑雕塑、民风民俗等社会历史文化资源，是人类活动的成果，但其建造和形成却不是为了旅游欣赏，不是为了使之成为旅游审美的对象。它们是人类活动的历史记录，是社会发展的印记，是在历史进程中形成的。自然资源的形成和存在，是自然发展的必然；而社会文化资源的存在和形成，则是历史发展的必然。

2. 旅游资源包含旅游吸引力因素

凡是资源，对人类的生产、生活都具有实用价值，并且经过开发可以被利用，以满足人类生产生活的需要。旅游资源，则具有审美价值，可以满足人们审美的需求。优美的自然风光，宜人的气候环境，奇特的自然现象，著名的历史古迹等，都具有能够对旅游者产生吸引力的审美价值。山水自然的形貌神采令人身心愉悦，物我两忘；文化艺术的精美深刻令人流连赞美；奇特的自然现象令人惊叹造物的神奇；历史的遗迹则会使人产生无穷的遐想。这一切，都是吸引人们前往参观欣赏的因素，能给欣赏者带来不同层次的精神享受。也会对人的身心健康产生十分有益的影响，这些都构成旅游资源的旅游吸引力，也是旅游资源之所以被开发形成旅游产品、以实现经济效益的根本所在。

3. 旅游资源包括已开发资源和未开发资源

在所有能对旅游者产生吸引力的自然景物和社会历史文化中，已经被规划设计，配以旅游设施和服务，并由此而产生了经济效益和社会效益的，是已开发的资源。相反，依然保有其原有的风貌，没有与旅游设施和服务相结合并产生经济效益和社会效益的，是未开发资源，未开发资源依然具有吸引旅游者的审美价值和潜在的经济价值，只是这种价值尚未转化为现实的经济价值。

旅游资源的开发，可以是对旅游资源的保护；同时，也可能造成某种程度的破坏。而未被开发的旅游资源，既可能保持其原有的风貌，也可能会遭到来自自然或其他力量的损毁，使其潜在的经济价值受到威胁。

## 二、旅游资源的特征

（一）丰富性

旅游资源的丰富性，有两个含义。一是地域分布的广泛性。地球上的任何地方都存在着类型各异的旅游资源（如果人类的科技能力可以达到，太空宇宙也会是价值巨大的旅游资源）。就自然旅游资源而言，地球上的不同部位有着不同的地貌特征和气候环境，这就造成了各具特色、互不重复的自然风光。比如，极地的冰川企鹅，热带的雨林沙漠，不同的气候条件和环境下生长着的花草林木、走兽飞禽。

二是品类的丰富性。可以说，世界上任何事物都可以被认为是旅游资源。从山水景物到文物古迹，从帝王将相的生活内容到普通百姓的衣食住行，都可以说是旅游资源。一个地方人们习以为常的生活方式，可能对其他文化背景的人们产生极大的吸引力；一些人望而却步的险峻山川，则可激发起另一些人的冒险欲望。总之，旅游资源有自然的也有社会的，有现实的也有历史的，有时尚的也有传统的，有物质的也有精神的，有有形的也有无形的。

（二）地域性

首先，不同的地理位置有着不同的气候环境和地形地貌特征，因此形成了姿态不同、神采各异的自然景观。玉树琼枝的北国雪景，不可能出现在热带地区，不同的地理位置形成了不同的自然景观。其次，人的生产、生活方式和内容，都与其所处的自然环境有着密切的联系。自然环境不同，人们的生产、生活方式也必然有所不同。在不同的自然环境中，人们不仅在适应自然、改造自然的活动中，创造了富有地方特色的文化，也形成了各不相同的生活方式。这就决定了人文景观也具有浓厚的地域性色彩。

（三）不可移动性

旅游资源在地球上的分布状况，是自然形成的，是地球运动和长期以来人类发展和活动的结果，既不是人为设计的，也不是人力可以改变的。自然旅游资源是这样，人文旅游资源也是如此。有一部分旅游资源，是人文和自然的结合。比如，一些重大历史事件的发生地，历史文化的内容和特定的自然景物环境密切相关，共同构成了具有深刻审美内涵的旅游资源。自然环境的不可移动性，便决定了此类旅游资源的不可移动性。即便是历史文物、古代艺术的遗存，也同样具有不可移动性。此类旅游资源不仅仅表现为具体的事物，同时也和一定地方的历史文化环境和人文特质血肉相连，不可分割。比如，在一些地方的旅游开发中，组织不同民族的民俗表演，但那也只能是表演而绝不是民俗。民俗，是一种活生生的生活状态，它所包含的内容绝不是表演所能涵盖和体现的。把秦始皇陵兵马俑运送到外地展览，离开了那些巨大的墓穴和经过精心设计的布局，人们就很难充分感受到兵马俑的磅礴气势，也很难体会到古代工匠的高超技艺。

旅游资源不仅是不可移动的，同时还是不可复制的。曾经有一个时期，旅游开发中人造景观、各类微缩景观风行一时，中华奇景、世界奇观之类的人造景观建造了很多。但是，这样的人造景观完全不能体现出原景的美感，就自然景观而言，人选景观不仅体量、气势上有很大差别，而且人造景观再精巧也不可能有自然的神采灵动和勃然生机。就人文景观而言，其审美价值不仅体现在一些事物的形状体态上，更主要的是蕴涵于其中的文化内涵。这些文化内涵，是经过了历史的积淀，背景文化的滋养而形成的底蕴，是绝不可以复制的。

（四）文化性

旅游资源具有文化性特征。旅游资源，在其外在的形貌之中，蕴涵着一定的文化内容。自然景观之所以能吸引人，是因为它们的形貌符合人们的欣赏习惯和审美标准，与人们的欣赏品位相契合，形成物我之间的审美交流，给人们带来审美的满足。在自然景观中，还蕴涵着深奥的哲理。山水的空间、花鸟的世界，都能给人以启迪，使人有所领悟。造物不言，却以千差万别的形象，昭示着自然的规律和深刻哲理。一些自然景观，由于和某些著名的历史人物和事件紧密相连，故而在自然景色中又融入了历史的身影、文化的血液，使自然景观之美更加深刻丰厚。

人文景观本身，就是文化的语言，传达着文化的特性、内涵和精神。

## 三、旅游资源的类型

### （一）旅游资源分类的原则和依据

1. 旅游资源分类的必要性

对旅游资源进行分类，是旅游业发展的需要，也是旅游资源文化研究的需要。

旅游业的发展，是建立在科学合理地开发和利用旅游资源的基础上的。不同类型的旅游资源的特征不同，价值也不同。针对不同类型、不同特征的旅游资源，采取与之相适应的旅游发展策略以及开发和保护措施。另外，对包罗万象的旅游资源进行分类，有助于更加深刻地认识各类旅游资源的特点和内涵。

2. 旅游资源分类的原则

（1）同质性

从旅游资源所具有的属性、成因、内涵等方面，分析旅游资源的性质，将性质相同或相近的旅游资源归为一类。

（2）价值性

对多种类型的旅游资源进行价值分析，根据同类旅游资源在世界上的存在状况，如数量、质量等；以及具体的旅游资源个案本身的价值，如存在时间、影响范围和影响程度等状况；对旅游资源的价值，包括文化价值和潜在的经济价值等进行充分深入的分析；对已有旅游资源的价值作出科学的评价，按照其价值的大小，将旅游资源划分为不同的等级。

（3）科学性

对旅游资源进行分类，一定要遵循科学的原则。对旅游资源的性质和功能的认识要准确，尤其是对旅游资源的价值进行评价的时候，必须客观、科学，不以地方或特定组织的利益为标准，作出客观而准确的定位和评价。

（二）旅游资源的类型

1. 按资源经营属性和资源特色划分

旅游资源被分为两大类，即自然旅游资源和人文旅游资源。

（1）自然旅游资源

① 地文景观类，其中包括典型地质构造、标准地层剖面、生物化石、自然灾变遗迹、名山、火山岩溶景观、蚀余景观、奇特与象形山石、沙（砾石）地风景、沙（砾石）滩、小型岛屿、洞穴和其他地文景观。

②水域风光类，包括风景河段、漂流河段、湖泊、瀑布、泉、现代冰川及其他水域风光。

③生物景观类，包括树林、古树名木、奇花异草、草原、野生动物栖居地和其他生物景观。

④综合景观类，包括自然保护区、田园风光（以自然风景为主）和其他综合景观。

（2）人文旅游资源

①历史古迹，包括古人类遗址、古战场遗址、名人遗踪、重要历史事件遗址和其他历史古迹。

②建筑，包括古代战争及防御工程（如古城墙、长城等）、宫殿、水利工程、著名或标志性建筑物、交通工程、观赏建筑、民居建筑、宗教建筑及其他建筑。

③陵墓，包括帝王陵墓、名人陵墓、英雄陵墓和其他陵墓。

④园林，有皇家园林、私家园林、宗教园林和公共游憩园林。

⑤宗教文化。

⑥城镇，有历史文化名城、现代都市、特色城镇。

⑦社会风情，包括民风民俗、市井生活、饮食文化等。

⑧文学艺术，各类文学作品、神话传说、民间故事，楹联题刻、书法绘画、雕塑及民间工艺。

2. 按旅游资源的价值、规模划分

可以分为世界遗产（自然、文化）保护单位，国家级和大型旅游风景资源，省、市级和中型旅游风景资源，县级以下小型旅游资源。

3. 按照旅游活动的性质和目的划分

①观光型旅游资源。

②文化型旅游资源。

③娱乐型旅游资源。

④疗养型旅游资源。

⑤休闲度假型旅游资源。

⑥科学考察型旅游资源。

⑦教育型旅游资源。

⑧宗教旅游资源。

⑨运动型旅游资源。

⑩探险型旅游资源。

⑪综合性旅游资源。

**阅读材料**

## 中国世界文化遗产、世界自然遗产、世界文化和自然双重遗产名录

| 编号 | 项目 | 所在省份 | 入选时间 | 遗产种类 |
|---|---|---|---|---|
| 1 | 泰山风景名胜区 | 山东 | 1987 | 文化与自然双重遗产 |
| 2 | 敦煌莫高窟 | 甘肃 | 1987 | 文化遗产 |
| 3 | 北京故宫、沈阳故宫 | 北京、沈阳 | 1987,2004 | 文化遗产 |
| 4 | 秦始皇陵及兵马俑 | 陕西 | 1987 | 文化遗产 |
| 5 | 周口店北京猿人遗址 | 北京 | 1987 | 文化遗产 |
| 6 | 长城 | 北京、天津、河北、山西、宁夏、甘肃 | 1987 | 文化遗产 |
| 7 | 黄山风景名胜区 | 安徽 | 1990 | 文化与自然双重遗产 |
| 8 | 武陵源风景名胜区 | 湖南 | 1992 | 自然遗产 |
| 9 | 九寨沟风景名胜区 | 四川 | 1992 | 自然遗产 |
| 10 | 黄龙风景名胜区 | 四川 | 1992 | 自然遗产 |
| 11 | 拉萨布达拉宫 | 西藏 | 1994,2001 扩展 | 文化遗产 |
| 12 | 承德避暑山庄及周围寺庙 | 河北 | 1994 | 文化遗产 |
| 13 | 武当山古建筑群 | 湖北 | 1994 | 文化遗产 |
| 14 | 曲阜孔府、孔庙、孔林 | 山东 | 1994 | 文化遗产 |
| 15 | 庐山风景名胜区 | 江西 | 1996 | 文化景观 |
| 16 | 峨眉山——乐山大佛 | 四川 | 1996 | 文化与自然双重遗产 |
| 17 | 丽江古城 | 云南 | 1997 | 文化遗产 |
| 18 | 苏州古典园林 | 江苏 | 1997,2000 扩展 | 文化遗产 |
| 19 | 平遥古城 | 山西 | 1997 | 文化遗产 |

续表

| 编号 | 项目 | 所在省份 | 入选时间 | 遗产种类 |
| --- | --- | --- | --- | --- |
| 20 | 颐和园 | 北京 | 1998 | 文化遗产 |
| 21 | 天坛 | 北京 | 1998 | 文化遗产 |
| 22 | 大足石刻 | 重庆 | 1999 | 文化遗产 |
| 23 | 武夷山 | 福建 | 1999 | 文化与自然双重遗产 |
| 24 | 安徽古村落(西递、宏村) | 安徽 | 2000 | 文化遗产 |
| 25 | 明清皇家陵寝:明显陵,清东、西陵,明十三陵,明孝陵 | 湖北、河北、北京、江苏 | 2000,2003 扩展 | 文化遗产 |
| 26 | 洛阳龙门石窟 | 河南 | 2000 | 文化遗产 |
| 27 | 青城山——都江堰 | 四川 | 2000 | 文化遗产 |
| 28 | 云冈石窟 | 山西 | 2001 | 文化遗产 |
| 29 | 三江并流 | 云南 | 2003 | 自然遗产 |
| 30 | 高句丽王城、王陵及贵族墓葬 | 辽宁、吉林 | 2004 | 文化遗产 |
| 31 | 澳门历史城区 | 澳门 | 2005 | 文化遗产 |

## 第二节　自然旅游资源及其文化内涵

### 一、自然旅游资源及其基本特征

(一)自然旅游资源的概念

自然旅游资源是指可供人类旅游观赏、进行参与性的旅游活动并从中获得旅游享受的自然景观和自然环境。自然旅游资源分布广泛,内容丰富,有高山峡谷、奇峰怪石等山地景观,也有河流海洋、溪流湖泊、冰川瀑布等水景景观;包括草原平野、海滨沙地等自然环境,也包括山林草木、野生动物等动植物景观。总之,自然旅游资源的内容十分丰富,分布在世界的每一个角落,凡是符合人们的自然审美标准,能够给人们带来审美享受,或者是具有一定的体育健身条件,可以举办一些旅游活动的场所,如攀岩、漂流、登山、滑雪等,都是自然旅游资源。

(二)自然旅游资源的基本特征

1. 原生性

自然旅游资源是自然界的产物,是在一定的地理条件和气候条件以及地质条件下自然生成的,无论多么令人惊叹的自然美景都是大自然的原创,是天生自在的,不以人的意志为转移,也不以人工雕琢为手段。

2. 地域性

世界上不同的地方有着不同的气候条件和地质条件,产生的自然景物自然也是不同的,一些地方的自然景物是由于其特有的地质条件或是气候条件形成的,在其他不具有相同气候或地质条件的地方就不可能出现。

3. 丰富性

自然旅游资源包括的范围广,内容十分丰富。地球上的岩石、水、大气和生物都可以构成自然旅游资源。随着科技的发展,一些人类以前不能到达的地方也成为旅游资源,被开发成相应的旅游产品,比如深海中的珊瑚礁、各类深海鱼类和海中的各种动植物都成为重要的旅游资源,使自然旅游资源更加丰富。将来,科技的发展还将使人类的旅游空间更加扩大,自然旅游资源也将更加丰富。

4. 季节性

自然旅游资源具有季节性特征,一些景观只有在特定的季节才能出现,比如雾凇、香山红叶、竹林等景物都有明显的季节性,只有在适当的季节才能够欣赏到。

## 二、自然旅游资源的文化内涵

自然旅游资源包括所有自然形成的、没有经过人工设计和规划的自然旅游景观,如山水景观、动植物景观、各类地形地貌景观等。自然旅游资源最突出的特点就是天然性,它们是天然生成的,完全是大自然的杰作,无论是以奇松、云海、怪石、温泉而美冠天下的黄山,还是以雄奇险峻著称的华山,或是淡妆浓抹总相宜堪与西子媲美的杭州西湖,不管它们拥有着多么优美的风光和独特的气质,也都是自然生成的,不以人的意志为转移。那么这种天然生成的自然旅游资源是否不具有文化内涵,或者说,在自然旅游资源的美感内容和审美价值中,是不是就没有文化的因素呢? 答案是否定的。任何自然旅游资源,即便是远离人们生活范围的地理空间中的自然旅游资源,其审美内容和价值中也一样包含有文化的内容,也就是说,文化是构成自然旅游资源美感的重要组成部分。

### (一) 自然旅游资源的形貌美

人们对于山峰的审美要求是雄、奇、险、秀、幽、旷。雄,指的是高大宏伟的形态特征,绝对高度或相对高度很高,给人以气势磅礴的感受。奇,指的是别具一格,稀有罕见的造型特点,如黄山的云海、奇松、奇石,都是在别的地方很难见到的。险,指的是山体陡峭,悬崖高深或道路艰险难以攀登,如黄山的鲫鱼背,华山的陡峭险峻等。险,之所以也能成为山峰美的一个重要标准,不仅在于这样的山峰景色不多见,不为人们所熟悉,同时也在于这样的山峰以其特有的姿态向人们传达着某种挑战信息,战胜这样的险峻山峰时人们会感觉到胜利的喜悦、自我超越的信心和自豪感。秀,指的是山峰的整体形象,从色彩、形态和环境特征而言,表现出秀丽、柔和的美感,令人身心愉悦。幽,是指景观具有一定的景深,且静谧清幽。旷,是指自然景物具有空间上的旷阔。一望无际,观之令人心胸开阔,胸臆舒张。拥有以上特征的山峰会被认为是美的。只有自然旅游资源的外在形态、体量、色彩等方面与人们对山峰之美的评价和要求相契合,才具有吸引人们前去观赏游玩的力量。

除了形体的美感之外,自然景观还可具有色彩美、音响美、动态美和静态美。比如,葱茏的山野不仅形体高峻,气势雄伟,而且色彩明丽,光线在山林间游动,在树木的疏密之间呈现出光线强弱的对照,葱绿的山林印着色彩鲜艳的山花野果;高耸的山峰静静屹立,与跳荡的溪流,飞溅的瀑布,摇曳的枝叶,共同构成动静相宜、色彩缤纷、明丽有致的自然美景。

自然美最直观的表现就是其外在的形色之美,地球上存在的自然物种类众多,数量巨大,山峰、河流、林木花草等遍及世界各地,但并不是每一座山、每一条河、每一片树林都被当做旅游资源来对待的。一些山川峡谷、溪流岩石成为旅游资源,另一些则仅仅是一种自然的存在。可以说,对自然旅游资源的选择是经过了人们的取舍的。那些经过人类的选择和取舍而被认为是自然景观或是自然旅游资源的景观是因为它们是美的,而美的标准首先是对人类无害,其次是在形态、色泽、声音等方面给人们带来感官的舒适,并由此而引起心理上、精神上的愉悦,因而被认为是美的存在。自然景观姿态万千,刚柔有致、动静各异的景物之美已经令人观之无尽,多种景物变化多端的奇妙组合更令人赏玩不绝。北宋著名的画家兼山水画理论家郭熙写的《林泉高致·山水训》:"真山之烟岚,四时不同。春山淡冶而如笑,夏山苍翠而欲滴,秋山明净而如妆,冬山惨淡而如睡。"形象地总结了自然界不同季节的美感特征。

自然旅游资源中,人们对其价值的大小的认定也是不同的。"五岳归来不看山,黄山归来不看岳",中国山峰无数,而五岳最美,黄山之美更胜五岳。一些自然物之所以被选择作为旅游资源,是因为它们符合人们的审美标准,可以满足人们的不同层次的审美需求。高峻、挺拔、林木葱茏富有个性的山峰被认为是有很高价值的旅游资源,一些高度普通、山形一般的山峰,其旅游价值就相对较低。

### (二)自然旅游资源中的历史人文

形貌之美只是自然景观美的一个层面,自然景观除了形色美之外,还包含着丰富、深刻的人文内涵。中国有着悠久的历史和灿烂的文化,中华大地上屹立着的山峰,流淌着的河流见证了五千年的风雨,很多的自然旅游资源都与历史人物和事件有着密切的联系,于是,原生自在的自然旅游资源中印上了历史的踪影,渗入了历史文化的血脉。如五岳之首的泰山,由于历史上秦、汉皇帝的封禅活动和众多著名事件和人物的影响,遗留下了很多历史遗迹,这些众多的历史遗迹和人物事件早已和泰山的自然风光融为一体,造就了泰山深厚的历史文化氛围,成为泰山不可分割的组成部分,使泰山的美更加深刻而丰富。杭州西湖是我国著名的旅游景点,历史上一直游客甚众,其中不乏著名的历史文化名人,如苏轼、林逋、白居易等,这些历史名人的遗踪遗迹如今都成为西湖美景的内涵,增加了西湖人文美的内容。

另外,古人以特定自然景物为表现对象而创作的文学、绘画、书法作品,留存于自然景物之中的摩崖石刻、名人题书等也成为中国自然旅游资源文化品质的评价要素。

从某种意义上说,自然旅游资源的文化内涵已经成了评价其价值的重要标准和依据,历史人文内容越是丰富的自然旅游资源,在人们的心目中越值得前去观赏,其价值也就越高。所谓“山不在高,有仙则名;水不在深,有龙则灵”。对山水自然的价值评价则有“山以贤称,境缘人胜”(元王恽《游东山记》),这是对中国传统山水自然审美心理的总结和概括。

(三)自然旅游资源的神异性

不仅历史遗存和历史人物的活动作为文化内涵深深地融入自然旅游资源之中,成为其审美价值的重要内涵,还有一些无形的文化内容也与自然旅游资源的审美评价密不可分。

以山水而言,山岳不仅是上古先民生存衍殖之所,也是神话的发生地,还是传说中的神仙居住生活的地方,充满了神异色彩。人相信山水之中有神灵,高山大海是仙人居住的地方。《礼记·祭法》:“山林川谷丘陵,能出云,为风雨,见怪物,皆曰神。”山有山神,河有河神,山水本身就具有神异性质,如《抱朴子·登涉》所言:“山无大小,皆有神灵。山大则神大,山小则神小也。”除了山水之神外,山林水泽也是众多神仙的居所。《山海经·西次三经》:“西南四百里,曰昆仑之丘,是实惟帝之下都,神陆吾司之。其神状虎身而九尾,人面而虎爪;是神也,司天之九部及帝之囿时。”[②]“又西三百五十里,曰玉山,是西王母所居也。”[③]“又西二百里,曰长留之山,其神白帝少昊居之。”昆仑山在上古神话里是居于天地之中的神仙,可谓中国第一神山。居住其中的不仅有状虎身九尾的山神,还有西王母、白帝少昊等。晋张华《博物志》引《河图括地象》云:“地部之位起形高大者有昆仑山。广万里,高万一千里。神物之所生,圣人仙人之所集也。出五色云气,五色流水。其泉南流入中国地,名曰河。其山中应于天,居最中。”言昆仑山是圣人和仙人聚集之所,因为其形体高大,并位于最能感应天意的位置,“昆仑”的本意就是指天,在中国的神话中,昆仑山是一座“百神之所在”的神山,也是华夏众神山之首。《穆天子传》曰:“昆仑之丘……黄帝之宫。”《楚辞·涉江》:“登昆仑兮餐玉英,与天地兮同寿,与日月兮同光。”玄圃、增城、醴泉、瑶池等神奇山水都属于昆仑山系列,黄帝、西王母等神灵的居所,是一个充满神话色彩的世界,也是古人山岳崇拜的最高对象。不仅如此,昆仑的神异性对于人来说还有一种诱惑,《淮南子·地形训》:“昆仑之丘,或上倍之,是谓凉风之山,登之而不死;或上倍之,是谓玄圃,登之乃灵,能史风雨;或上倍之,乃维上天,登之乃神,是谓太帝之居。”高诱注曰:“太帝,天帝。”昆仑山可谓众神山之首,只要登上去,就可以长生不老,成为神仙,于是,游居于昆仑之上也成为众多渴求成为神仙的人的梦想。除了昆仑山,中国神话传说中还有几座著名的仙山,即海上三神山:蓬莱、瀛洲和方丈。有研究者认为,海上三神山与昆仑山的神奇传说是相关联的。顾颉刚先生认为昆仑山位于西部高原之上,而三神山位于东部大海之中,是昆仑山的瑰丽传说流传到东方之后,与东部最为神秘的自然条件——大海结合在一起而产生的。昆仑山和海上三神山是中华神异山川的代表,在古代中国人的心目中,所有的高山大海都带有神异性质,有神有灵。也正因为如此,望祠山川、五岳封禅才成为中国古代帝王历代相沿的礼仪传统。

自然旅游资源中除了有神话圣迹,还流传着诸多的民间故事和传说,它们以一种奇特的方式解释了自然现象的存在原因,如巫山神女峰,传说是天上的神女助人间治理水患之后,仍屹立在巫山之巅,为行船指点航路,为百姓驱除虎豹,为人间耕云播雨,年复一年,终于变成了山峰。

怪石、奇松是黄山美景的重要组成部分,但是怪石奇松的审美价值并不仅仅在于它们拥有奇特的形态姿势,更令人享受的是它们拥有的贴切、传神的名字,如迎客松的名字使一棵枝叶伸展的古松在人们的眼中成为一位伸展着臂膀,热情地欢迎四方来客的好客主人,不仅让人看到松树形态的美,更能令人产生亲切之感。其他名称如莲花峰、石猴观海、仙人下棋等形象的名称极其准确地把握了景物的美感特征,提示人们更好地欣赏风景。这些名称是人类的创造,是融会在自然景物中的文化内容。不少的山川景物都有相应的神话传说与之相对应,如西湖和白蛇的故事,黄山和黄帝的传说,以及象鼻山、五老峰、九华山,等等。这些神话、传说、故事赋予静态的自然景观鲜活的生命之美,为自然旅游资源注入了文化的内涵。使得自然景观更加生动。

(四)自然旅游资源的人格美

自然景物虽然是客观的存在,独立于人的意识之外,但是对自然景物的审美却不能离开人的感受。中国的旅游历史悠久,历史上出现了众多的旅行家和自然美的热爱者,对自然景物的审美评价非常丰富,在自然旅游资源的审美评价中深深地打上了民族传统文化的烙印,传统的审美观念融入自然景观之中,成为自然旅游资源的文化内涵。古代中国的旅行家和旅游热爱者们以深邃的洞察力领悟自然界无言的启迪,并将他们的感悟传给他人,传给后人,给自然的美注入了新的血液和灵性。

比如孔子的君子比德说:“知者乐水,仁者乐山。知者动,仁者静。知者乐,仁者寿。”(《论语.雍也》)将儒家对人生境界和人格的评价和对山水之美的评价紧密结合,两相对应,从此,在中国传统文化中,山水不再是纯客观的自然物,而是具有人的仁智之性的人格的自然。孔子的这一山水审美的观念在中国文化史上产生了深远的影响，在中国文化背景下生活、成长的人们，在评价自然美的时候，都会不自觉地以伦理、哲学的眼光去关照。于是，松的顽强，竹的坚贞，梅的孤傲，菊的清高，莲的纯洁……都成为其固有的品格，成为其美感因素的重要组成部分，与它们的形色姿态之美融为一体。

自然现象所表现出来的自由精神也成为自然美的重要内涵。天生自在的景物蕴涵着共同的生命质素——自由精神，鸟展翅高飞，鱼游潜从容，都是自由的生命的生动注解。而自由也正是人类执著的、不曾放弃的追求，在人们走向自然，追求自然美的旅游活动中包含着一种潜在的精神文化行为，那就是追求自由。张衡、陶渊明、李白等的文学作品都表现出了一种纯自然的生存态度与人们所追求的自由精神。自然景物的精神之美与历代旅游欣赏者的心灵相伴，成为中国自然旅游资源文化内涵的重要组成部分。

**案例**

### 天下奇山——黄山①

黄山位于安徽省黄山市境内，地跨歙县、太平、休宁和黟县之间，久负盛名。明代大旅行家、地理学家徐霞客两次登黄山，发出了“薄海内外无如徽之黄山，登黄山而天下无山，观止矣！”的赞叹，激发了人们对黄山的向往。黄山集雄、奇、险、幻于一体，以奇松、怪石、云海、温泉“四绝”闻名于世。泰山的雄伟、峨眉的秀丽、华山的险峻、衡山的烟云、庐山的飞瀑、雁荡的巧石，黄山无不兼而有之。

黄山山体由粗粒花岗岩构成，节理发育，经大自然的风化剥蚀，雕琢成奇景异观。著名胜景有72峰，24溪，2湖，三瀑。36座大峰威武雄壮，36座小峰玲珑多姿，三大主峰莲花、天都和光明顶海拔都在1 800米以上。

从温泉沿前山登光明顶，沿途有慈光阁、金沙岭、蜡烛峰、飞来峰、青鸾峰等景点。半山寺可望见“金鸡叫天门”、“老鹰抓鸡”等巧石奇观。在天都峰登山石级上有狭长惊险的“鲫鱼背”，山上有仙桃石和“登峰造极”石刻等景。从天都峰到玉屏楼，要过“小心坡”、“一线天”。回首三座小石峰如同蓬莱仙岛。玉屏楼附近有著名的迎客松，远望可见“金龟望月”、“松鼠跳天都”、“孔雀戏莲花”等奇岩怪石。峰上有众多石刻。从莲花峰下经“百步云梯”可上光明顶，梯顶可见“仙女绣花”、“老僧入定”、“鳌鱼呼螺蛳”等奇石异景，妙不可言。

黄山是一个峰之海、云之海，全山共分五海，即北海、前海、西海、东海和天海。在散花坞可观赏著名的“梦笔生花”奇景，狮子峰上有著名的巧石“猴子观海”。在清凉台上，可观云海日出。石笋、石柱参差林立，奇松奇石风姿各异，“十八罗汉朝

---

① 资料来源：冯天驷. 中国地质旅游资源. 北京：地质出版社，1998.

南海"惟妙惟肖,引人入胜。西海的观赏胜地为排云亭,景色绝妙。南有飞来石和双剪峰、双笋峰。光明顶是天海的观景点,也是看日出的极佳处。

温泉也为黄山一绝。它源于朱砂峰,水温常年42℃左右,可饮可浴。西侧正对桃花溪上"人字瀑"。西行沿溪一带还有虎头岩、三叠泉、醉石、鸣弦泉、试剑石等胜景。

(五) 自然旅游资源中的情感美

山水景物成为人们的观赏对象后,也与人的情感心绪密切联系在一起,游览者也从山水景物中得到了精神上的审美愉悦。这里山水已经不仅是纯客观的山水自然,而是有了人的活动、思想和感情的介入,成为了与人的人格境界和人生追求相联系的山水自然,它们不再仅带有政治或其他的功利性质,而成为一种与知识分子对于人格理想的追求相契合的美的存在。更为重要的是,中国传统审美视野中的山水自然景物是被当做社会政治的对立面而存在的,具有了古代知识分子所崇尚的纯净、超俗的品格内涵,成为了人们精神的家园,在这样的山水中游览,不仅可以感受到清新优美的景色带来的审美愉悦,而且能产生远离险恶的社会环境,以及实现自我的人格目标而带来的精神满足。选择了自然山水也就意味着超越世俗世、不与流俗的人格追求。如李白诗所云:"相看两不厌,唯有敬亭山",以山水为朋友、知音甚至是亲人,将人的情感与山水自然相沟通,与自然相亲相近,山水娱情的山水审美态度对后世的山水审美思想和审美方式都有着非常重要的意义。古代知识分子在对社会政治极端失望之后,都会产生遨游山林的欲望,正是山水自然愉悦性情,以山水自然标示人格的态度。山水有情,在人们承受着来自社会现实的各种压力的时候,山水之美,林泉之乐也正是心灵的慰藉,而山水怡情也成为中国人重要的山水自然审美传统。

(六)自然旅游资源中的哲理

在中国人审视自然风景的眼光中,启迪人生,体悟哲理,也是极为重要的角度。古人往往借助山水自然的启发而去体悟宇宙万物及人生的本质,在古人眼里,山水自然中蕴涵着丰富的哲理,一山一石,一木一叶,无不是对宇宙人生的别样解说,观赏山水景物的乐趣之一就是深入其中,读解自然的哲学语言;他们游目于山水自然,游心于哲理真境,借山水自然的启发以体悟玄理。"盖由山水而进入物我泯一之心境,山水与人,在物我齐一的心境中相感相通。"(罗宗强《魏晋南北朝文学思想史》)苏轼诗《题四林壁》:"横看成岭侧成峰,远近高低各不同。不识庐山真面目,只缘身在此山中。"朱熹诗《观书有感》:"半亩方塘一鉴开,天光云影共徘徊,问渠哪得清如许,为有源头活水来。"王安石《登飞来峰》:"飞来峰上千寻塔,闻说鸡鸣见日升。不畏浮云遮望眼,只缘身在最高层。"王之涣《登鹳雀楼》:"白日依山尽,黄河入海流。欲穷千里目,更上一层楼"等都是揭示山水自然中蕴涵的哲理的代表性诗篇。以哲理的角度去发掘山水其体、其形、其性中蕴涵的对于宇宙人生和时空的启示,在这种妙悟山水的审美意识观照之下,山水自然的形象更加深刻浑厚,蕴涵着丰厚的理趣。以哲理的目光审视自然山水的审美方式是我们传统的山水审美方式,而哲理美也成为中国山水之美的重要内容。

(七)自然旅游资源中的宗教文化

"天下名山僧占多",中国的名山秀水与宗教,尤其是佛道关系密切,中国有四大佛教名山五台山、峨眉山、普陀山、九华山,其中五台山为文殊菩萨的道场,汉唐以来一直是中国的佛教中心,此后历朝不衰,屡经修建,鼎盛时期寺院达300余座。四川峨眉山曾是普贤菩萨的道场,浙江普陀山曾是观音菩萨的道场,安徽九华山曾是地藏菩萨的道场,都有众多著名的寺宇殿阁。湖北武当山、四川青城山、江西龙虎山、安徽齐云山(一说山东崂山)则被称为中国四大道教名山。除了这些著名的佛道名山之外,中国大地上风景优美的大小山川中,几乎都有佛道影迹。自佛教传入中国,道教确立其宗教性质之时,中国山水之中便有了佛道的形迹,魏晋南北朝时期,一些高僧名道都喜欢在山水美景中参佛悟道,或遍历山川,或静居其中,如慧远、支道林等。传说高僧慧远于庐山潜修,有客来访毕,送客从不越过虎溪,但有一次,陶渊明与道士陆修静来访,三人畅谈义理,兴犹未尽,送别时不知不觉就过了虎溪,以致慧远所驯养的老虎马上鸣吼警告,三人相顾大笑,欣然道别。这个故事虽只是传说,但依然为人们所乐道,除了其中三教合一的深远含义外,宗教与自然山水的形神相合也是颇值得玩味的。另《南史·陶弘景传》记载:梁武帝时,道教名家陶弘景隐居茅山不出,"国家每有吉凶征讨大事,无不前以咨询。月中常有数信,时人谓为山中宰相。"传说梁武帝屡次征诏陶弘景出山为官,均被拒绝,于是追问山中到底有什么令人如此迷恋,陶作诗以答:"山中何所有? 岭上多白云。只可自怡悦,不堪持赠君。"于是,中国奇山胜水之间,不仅有着各胜天下的自然美景,还有深厚的宗教文化浸染其中,寺庙、道观等宗教建筑,各类雕像、壁画等宗教艺术,表达着宗教的教义精神,更有卓绝的艺术成就。群山之中,香烟缭绕,钟鼓悠扬,梵铃清远,营造着神秘、神圣而又庄严、脱俗的宗教氛围,与山水自然之美完美结合。除此之外,山水自然之中还流传着各种宗教传说,越发增添了山川的宗教气质,使山水与宗教文化的结合更加密不可分。

## 第三节 人文旅游资源的文化内涵

### 一、人文旅游资源的基本特征

(一)历史性

人文旅游资源是人类活动的产物,人类历史经历了漫长的发展过程。在这漫长的发展历程中,人类通过自身的努力,适应自然、改造自然、利用自然,创造了丰富的历史文化成果。其中一部分在人类的发展进程中消失了,而另一些却保存了下来,或以文字、思想、精神的形式,或以建筑、遗迹等形式记录着历史的状况。人文旅游资源包括的范围很广泛,非自然的物质存在、经过人类改造过的自然状态和人类的生活状态都属于人文旅游资源的范畴。多种多样的人文旅游资源有着共同的特征——历史性,无论是古代建筑还是历史遗迹,无论是民俗生活还是田园风光,都是在一定的历史条件下形成的,不可能脱离历史而存在。从一些人文旅游景观中,可以看到特定历史时期的科技文明和审美特色等历史性的内容。

(二)民族性

人文旅游资源都是在一定历史背景下产生的,同时也是在特定的民族生活和民族文化的背景中形成的,从形态的设计建造和精神内核上都带有浓厚的民族文化色彩。不同的民族有着不同的生活环境和文化气质,也有着不同的生活方式和生产方式以及审美标准,因此势必会产生不同的物质文明和精神文明,当这些带有民族风格的物质文明和精神文明成为旅游资源时,必然带有民族性。比如建筑,我国汉族北方的民居建筑的典型样式是四合院,由四面建筑围合而成,一般采用土木砖石为材料,根基深厚,坚固结实;蒙古族的建筑是蒙古包,易于拆装搬迁,非常适合蒙古族传统的游牧生活方式;壮族的干栏式建筑是竹木结构的,用木柱或竹做成离地面很高的底架,再在底架上建造住宅。住房是和人们的生活关系极为密切的物质形式,在富有民族特色的建筑物中,人们的生活方式和民俗特点也具有鲜明的民族性特征。

**案例**

**蒙古族的蒙古包**①

蒙古包是蒙古族的住屋。“包”,就是蒙古语“家”、“屋”的意思。蒙古包古时称作“穹庐”,又叫“毡帐”或“毡包”。蒙古包大小不定,一般直径 4~5 米,高 4 米,由木栅栏和白毛毡构成。周围的栅栏用红柳枝做成,呈斜方格,可以折叠。栅栏外用白毛毡包裹。圆形顶棚上开有直径约 80 厘米的天窗,上面覆盖一块可以移动的毛毡,白天打开采光和通风,晚上和雨雪天可以覆盖。蒙古包还有一扇高 80 厘米、宽 150 厘米左右的小门。为避免北风直吹,门一般都朝东或朝南开。包内摆设,一般是正面放长方矮桌,桌右端放大小衣箱,左边放柜橱、水桶、奶桶等家具。包的正中放灶炉,烟筒直通包顶。蒙古包分转移和固定两种,前者在牧区使用,后者在半农半牧区使用,外观相仿。由于蒙古包不像一般房屋那样有坚实的地基和稳定的墙壁,所以不宜倚靠。

(三)时代性

人类的任何活动都离不开一定的时代背景,不同时代,社会的发达程度不同,

---

① 资料来源:吴忠军,王丽华. 中外民俗. 东北财经大学出版社,2004:68.

社会思潮也不同,人文旅游资源的形成是一定时代的物质条件和精神文化的聚合。人类历史发展到今天,已经积累了丰富的经验,也拥有了丰厚的物质财富和精神财富,人类的创造活动是在历史的积累之上的新发展,离不开历史的因素,但是更能体现时代的特征。

(四)艺术性

人文旅游资源具有鲜明的艺术性特征,很多人文旅游资源本身就是精美的艺术品,比如摩崖石刻、书法绘画、雕塑、石窟造像、民间工艺品等,都是具有极高艺术价值的人文旅游资源。还有一部分人文旅游资源在实用性的基础上带有很强的艺术性,比如,建筑物,无论是古代建筑还是现代建筑,都是使用性和艺术性的结合,它们是为了某些特定的实用目的而设计建造的,但本身也是艺术作品,从形态的设计,材料的选择,色彩图案的装饰等,都具有很高的艺术价值。

(五)宗教性

在人类文化中,宗教占有很重要的地位。宗教活动有着很长的历史,宗教文化对人类生活的影响是巨大的,同时产生了众多的具有旅游价值的宗教性旅游资源。"天下名山僧占多",在中国宗教中影响较大的佛教和道教,在全国各地建造了为数众多的庙宇和道观,这些宗教建筑和其中蕴涵的宗教内容和氛围,与它们周围的自然景观及其他类型的人文景观结合在一起,构成了或独立或综合的旅游景观。

世界上的宗教信仰体系有多种,宗教文化是人类文化的重要组成部分,同时,也是民族文化差异性的一种体现,不同的民族有着不同的宗教信仰,不同的宗教信仰在教义、经典、仪式、制度、习惯、教团组织、建筑等方面都各不相同。这些宗教的内容对于其信徒来说是神圣的,他们怀着虔诚的心定期或不定期前去朝觐,这类活动实际上可以作为一种宗教旅游活动来对待。另外一部分非某宗教信徒的人们则抱着欣赏或是研究的态度来看待这些宗教形象,因为宗教的民族差异性,它们对非信徒的普通旅游者以及他国、他民族的旅游者有着文化的吸引力。

## 二、人文旅游资源的主要类型

历史类旅游资源:包括人类活动遗址遗迹,历史事件发生地。

宗教类旅游资源:指宗教活动场所及公开的宗教活动、宗教象征物、宗教建筑、宗教艺术,等等。

园林类旅游资源:指有代表性的园林。

建筑类旅游资源:指不同时代、不同风格、不同功能的有特殊的艺术成就或历史人文内涵的建筑物。

艺术类旅游资源:包括书法、绘画、雕塑、摩崖石刻、碑刻等艺术作品,艺术表演在一定条件下,也可以作为旅游资源进行开发。

人物类旅游资源:指古代和现当代著名的人物的事迹、作品、故居、故乡、传说等。

民俗类旅游资源:地方的神话传说、生活习俗、服饰饮食、民间节日等都属民俗事项,这些民俗事项都具有旅游吸引力,可以作为旅游资源开发。

文化娱乐类旅游资源:文艺演出、体育比赛。

展览购物类旅游资源:文体展览会、博物馆、特色购物街(集市)、旅游纪念品等。

## 三、人文旅游资源的文化分析

### (一)建筑

建筑是一门艺术,也是旅游观赏的主要对象之一,是丰富的人文旅游资源中富有文化内涵和审美价值的人文景观中的一类。中国的建筑艺术从上古至明清的漫长发展历史中,始终保持着完整的体系和基本的性格特征,与人的精神需求有极密切的关系,以其丰富而独特的艺术语言形式表现着历史、文化、精神和审美。建筑的语言形式主要有面、体、形、量、群、色彩、空间和环境,每一种语言都传达出大量的审美和文化信息。中国的建筑一般选用土木或砖石,保存周期较长,现在我们还能看到一些古代建筑的形象,通过这些形象,我们不仅可以看到它产生的那个年代的审美和艺术手段以及建筑工艺,同时也可以读到那个时代的文化信息以及历史的沧桑。建筑的文化内涵主要包括以下几个方面。

#### 1. 历史

建筑物存在的历史是旅游者观赏古代建筑物时首先要关心的,建筑物存在的历史越久远,就具有越高的文化价值。这首先是因为越是年代久远的建筑物,保存下来的就越少,作为一个历史时代的建筑艺术和手段的证明,其价值也就越高。从旅游的角度来说,历史越久远的建筑物越少见,也就越能引起人们的好奇心,面对经历长时期的风雨侵蚀依然挺立不倒的古代建筑,人们自然会产生一种欣赏和赞叹之情,为古代人民的建筑工艺,也为其中的文化内涵。另外,不同时期的建筑会有不同的建造工艺和艺术手段,古代遗留下来的,尤其是保存完好的建筑物就是一个特定的历史时期的建筑艺术的形象说明书,可以使人们更好地了解和感受那个时代的建筑艺术风格。

在关注建筑的历史时,除了关注建筑物本身存在的历史时间之外,人们还会关注历史人物和事件与建筑物之间的关系,很多的建筑物本身没有什么特殊的价值,但却是因为和历史上的著名人物和事件联系密切因而具有了更高的价值和吸引力。比如苏州的寒山寺,因唐代诗人张继的一首诗《枫桥夜泊》而蜚声中华文化史,甚至被中国知识分子视为“心灵的故乡”。同样,滕王阁、宣城谢朓北楼、岳阳楼等建筑物都是因为古代文人的著作而获得了额外的生命。一些名人故居和历史人物的生活联系在一起,人的生命和思想似乎也成为建筑的灵魂,这就是历史名人故居的价值所在，也是构成古代建筑旅游吸引力的重要方面。

**阅读材料**

**名人故居的人文价值①**

以名人故居为代表的建筑文化，往往从一个侧面鲜明地反映着特定历史时代的社会文化和审美风尚的特征。在历史的舞台上，名人将不可避免地从中消失。然而，除了他们留下的文字、影像和其他实物，保留着他们的种种信息之外，其故居也同样积累了许多历史和人文的信息。应该说，名人故居本身就是一个整体，是一部记录着如何孕育名人和名人成长，以及反映着特定历史时代的社会文化发展变迁的史书。从对名人故居的考察上来看，人们可以从一个特殊的角度来解读积淀在其中的历史文化信息，感悟人世间变化发展的历史沧桑，体味蕴藉在其中的人文内涵和人文意蕴，如同黑格尔在论述建筑之美时所指出的那样："我们也可以把它们比作书页，虽然局限在一定的空间里，却像钟声一样能唤起心灵深处的幽情和遐想"，因为"建筑品的目的在于用艺术的方式去表现心灵所处的本身无机的外在环境……建筑形式对于心灵性的内容还有象征意义。"

2. 艺术

中国的传统建筑一般分为宫殿建筑、民居建筑、园林建筑和宗教建筑等类别。建筑的艺术美主要包括形、色、体量、组群、动静等方面的内容。中国古代建筑在世界建筑艺术中具有独特的形态特征，"中国建筑之屋顶，其斜面皆以成凹线为原则。檐不作水平，左右两端，翻而向上。即屋顶之轮廓，由曲线画成者。屋脊于小建筑中，虽为水平，大建筑往往近两端处高起。在低级民家之建物，屋顶固为直线，但高级之邸宅，与庙祠宫殿，殆无不不成曲线者。此盖世界无比之奇异现象也。"②屋顶的曲线形式流畅而富有变化，同时使静态的建筑物具有了流动飞扬的动感，与直线形的梁柱一起构成了动静相宜，动中有静、静中有动的形态美。

中国古代建筑还具有组合性的特点，宫殿建筑、宗教建筑和大户人家的住宅建筑都不是只有一个单体的建筑物，而是由数量不等的多个单体建筑组合而成，在中国建筑文化史上，建筑物的大小、数量的多少还是社会地位的显示。《礼记》就记载了用建筑的体量来显示尊卑的思想和具体的方法，如天子的宗庙可以有七座庙堂，诸侯五座，大夫三座，士一座；规模的大小也要根据地位的不同而有所区别，地位高者规模大。在建筑组群中，构成整体的单体建筑也有高低大小的区分，这一方面是由于建筑内部功能布局的结果，不同功能的建筑物的大小规模不同，另一方面是不同的使用者也决定着建筑的规模和大小以及装饰风格和等级。在一些大小不等并

① 资料来源：黄健. 名人故居的人文价值. 转引自潘立勇主编. 人文旅游. 浙江大学出版社，2005：62.
② ［日］伊东忠太. 中国建筑史. 上海书店，1984.

经过精心布局的建筑组群中,可以看到建筑物大小高低的变化,这也产生了很好的视觉审美效果。

装饰也是建筑美的重要内容,中国古代建筑习惯用鲜明的色彩、雕刻的花纹图案和各种实物来装饰建筑物,使建筑物不仅形态优美,而且金碧辉煌。

3. 精神

建筑不仅具有形象美,更重要的是具有精神美,这是建筑文化的重要方面。黑格尔说:"建筑的任务在于对外在的无机自然加工,使它与心灵结成血肉之缘,成为符合艺术的外在世界。"①建筑不仅是人类为自己建造的居住场所,也包含着建造者的思想意识,包括人生观、自然观和伦理思想等,这些都成为建筑的精神和生命。中国建筑充分体现了中国人热爱自然、敬畏自然的心理。中国建筑非常重视环境的选择和建造,建筑环境包括内部环境和外部环境,外部环境是指建筑物所在地的自然环境。中国古代的建筑在选址的时候非常重视环境的选择,山水的位置、一定的空旷感、道路的走向等都是影响选址的重要因素。而建筑物内部的环境也要有自然的气质,于是,在院中模拟自然建造假山和流水,种植花草树木,养殖禽鸟鱼虫等作为装饰环境之用,实现人与自然的和谐相处。

中国建筑还表现出伦理性的精神内涵。在建筑内部的功能划分和布局上,可以看出家庭的内部关系,父母长辈和子女等家庭成员房屋的分配都有一定的规矩,居住上的安排体现了浓重的伦理色彩。

(二)宗教旅游资源

宗教是人类文化的重要组成部分,对人类发展的历史和人们的思想意识以及生活民俗和艺术作品的风格内容都产生了深远的影响。宗教旅游资源的主要内容包括宗教建筑、宗教内容的绘画和雕塑作品以及一些传说中的神迹。中国佛教的寺庙、造像、壁画,道教的宫观,基督教的教堂等都成为重要的旅游资源,吸引着众多的旅游者,如布达拉宫、雍和宫以及散布于众多自然山川之中的宗教建筑和宗教活动场所。一些自然山川还因为宗教活动而成为宗教名山,如九华山、峨眉山、五台山、普陀山等都以佛教而闻名,而武当山、崂山等则以道教著称。

中国旅游的宗教旅游资源中以佛教为最,现存的寺庙数量之多、分布之广泛都胜于其他宗教,而一些佛教人物的传说也在民间流传甚广,并常常与自然景观发生一定的联系。宗教旅游资源具有很强的审美功能,这些功能的具体内容包括以下几个方面。

1. 神秘性

宗教是一种异于民间生活的生活方式和思想体系,宗教的一部分内容主要就是解释人的来源和去向,即人是怎么出现的以及人死亡之后的世界。这些都是人

① 黑格尔. 美学(第一卷). 商务印书馆,1979:105.

们所不了解同时又迫切想知道的问题。但是宗教的解释不是科学的解释,宗教只告诉你是什么样的,却没有解释为什么是这样。另外,宗教还宣扬了一些因果思想,宗教中的神拥有无上的能力,可以控制人的命运,但是也并未解释这种巨大力量的来源。于是,宗教从内容到形式都具有了一种神秘的色彩,神秘到人们会对宗教的力量以及形式产生敬畏之心,虔诚地膜拜着宗教中的神。

2. 神圣性

宗教的氛围是庄严肃穆的,一些宗教名人(或神)的遗迹、遗留物品甚至说过的经典话语或流传在民间的传说都是非常神圣的,比如佛教认为舍利子是圣物,在寺庙中被特别珍藏,如果有其他宗教活动需要请动,则必须举行庄严的仪式。宗教仪式也具有神圣性特征,在一些宗教信仰影响较大的地区,虔诚的信徒的膜拜方式在来自异地的旅游者眼中已经成为当地一景。

3. 艺术性

有很多人以各种形式宣传着宗教的教义和思想,绘画、雕塑等就是宗教宣传的重要手段。著名的如云冈石窟、敦煌莫高窟、麦积山石窟、龙门石窟,等等,还有西方基督教国家的以基督教为主题的绘画和雕塑作品,现在已经是世界文化的珍宝和珍贵的旅游资源和文化遗产。这些造像和壁画,以宗教为题材,体现出了很强的艺术性。

(三)民俗

民俗即民间风俗习惯,是普通民众的生活方式、生产方式和思维方式的总和。民俗具有地域性、民族性、时代性、传承性等特点。首先,民俗是一定范围的群体在一定的自然环境中长期的共同生活和生产中形成的行为习惯,不同的地域有着不同的自然条件,人们也就有着不同的生活和生产方式,与此相适应便产生了民俗的地域性差异。比如,中原地区土地肥沃,气候适宜,生活在中原地区的汉族人民便以耕种为生,产生了与自然环境相适应的民俗风情。不同的民族因为有着不同的信仰和不同的生活环境以及文化环境,因而造成了民俗的民族性特征。不同民族、不同地域生活着的人们的民俗内容千差万别。民俗是民众生活的画卷,具有地域性的特点,不能互相抄袭模仿。一些地方的旅游部门为了吸引游客,组织人员专门练习、表演其他民族的民间歌舞等节目,建造假的民俗景观,美其名曰:民俗旅游。实质上,这不是民俗。在不同民族和地区之间,相互交往,可以产生相互的影响甚至是同化,但是这种影响、演变是自然发生的,而不是人为搬动的,而且这样的影响结果是需要比较长的时间来完成的。其次,民俗具有时代性的特征。时代风尚、思想观念等都会对民俗生活产生影响,一些民俗内容在时代的发展和文化交流的影响下消失了,另一些新的民俗内容又产生出来。所以民俗虽然具有历史的连续性,但绝不是一成不变的。比如婚礼习俗中,古代的红衣嫁娘坐花轿的方式已经有了很大的改变,现代人的婚礼上西方文化的影响和时尚文化的影响非常明显,新娘不再只穿红色的衣服,也不再用轿子做迎娶工具。消失的民俗只是民俗的历史记忆。

现在很多旅游景点把坐花轿,或是古代婚礼模拟等作为旅游项目,这显然是在民俗资源基础上开发出的旅游产品,是一种经济利益驱动下的民俗表演,但它们不是民俗,不具有民俗的生命和灵魂。

民俗主要包括物质民俗、语言民俗、生活民俗和生产民俗等方面内容。

物质民俗是指特定群体的生活工具和物质基础,如建筑、服饰、饮食、民间工艺品,等等。其中饮食民俗是较受关注的民俗类型。饮食民俗包括食物的选择、烹制的方法和过程、食用方法和饮食禁忌等内容。中国饮食种类繁多,风格口味各异,品尝不同地区不同风格的饮食,已经成为众多旅游者的旅游活动的重要内容。制作饮食的材料、工具等,也成为旅游者感兴趣的民俗内容。

语言民俗包括在一些地区流传的神话、传说、民间故事、民歌、史诗以及谚语、民谣等,这些都是民间百姓集体创作、在民间口耳相传的。在这些语言民俗事项中,民间故事、神话传说等是人民生活的真实反映,他们对幸福的定义和向往,他们的道德标准等都在语言民俗事项中有所体现。服饰、歌舞也是表现民族和民俗风情的重要载体,不同民族的民族服饰和歌舞表演,充分展示了不同民族的审美传统和性格气质,是民俗风情极富特色的部分,对外地的旅游者有着很大的吸引力。除此之外,民俗生活中的重要内容还有婚礼、葬礼、各种节日庆典等。在这些活动中,可以集中看到一个民族或居民群体的生活状态、伦理思想、价值观念、审美观念、人生观念等。比如在汉族的婚礼上,新娘新郎要穿传统的红色服装,新娘进入新郎家门之后要在院子里跨火盆和马鞍,祈盼婚后的生活红红火火、平平安安;新娘的床上撒放枣子、荔枝、花生等果品,表达人们对新婚夫妇早生贵子的祝愿,在这样的仪式内容中还可以看到中国传统的传宗接代、多子多福的意识。

现代社会科技越来越发达,国家、地区之间的交往也日趋频繁深入,异质文化之间相互的影响也在日益加深。在这样的状况下,民俗旅游资源也受到很大的冲击。很多古老的生活方式不复存在,一些民族的传统的建筑、服饰也正在被国际化的、时尚的风格所取代,民俗旅游资源作为民间文化的重要展板,必须受到有效的保护,否则,民俗旅游资源将会以惊人的速度消亡,剩下的也许只是一些为了表演而表演的民俗形式和躯壳。

(四)园林

中国有着悠久的园林建造历史,早在商周时期就有了园林的原始形态,秦汉时期,园林的要素山水、湖石、建筑、动植物等俱以齐备,经过了漫长的历史发展,形成了独特的园林建造技艺、风格和文化,至明清达到鼎盛,为后人留下了诸多令人惊叹的园林杰作。中国园林与西方园林相比最明显的区别在于:中国园林注重天然,西方园林注重人工;中国园林追求“虽由人造,宛自天开”,西方园林追求自然服从人力的理念。因此,中国的园林景物是模拟自然、表现自然,西方的园林景物则是改造自然。故而西方的园林被建造成整齐的图案形态,或是几何形,或是动物形。

在崇尚自然的基础上,中国园林不是简单的重现或是再造自然,而是有意识地表现自然,追求诗情画意和意蕴悠长,因而,每一个园林都有主题,如苏州曲园要表达的含义就是取《老子》:"曲则全"之意,表达了园主人俞樾的人生态度;扬州个园取竹叶之形命名,喻该园以竹为构景的主要元素。苏州狮子林为元末名僧天如禅师维则的弟子所建,取名狮子林,既表明园中"竹下多怪石,状如狻猊(狮子)者",又因天如禅师维则得法于浙江天目山狮子岩普应国师中峰,为纪念佛徒衣钵、师承关系,取佛经中狮子座之意,可谓意味深长。

中国园林主要分为皇家园林、私家园林和宗教园林三种,皇家园林以北京颐和园与承德避暑山庄为代表,其特点是规模宏大,功能丰富,景观多样,风格华丽。私家园林以江南拙政园、留园、个园、网师园等为代表,与皇家园林对比,私家园林的主要特点是小巧轻盈,主题突出,景观精致,风格淡雅。宗教园林一般依附于宗教建筑,构景造景与私家园林相近,只是有着鲜明的宗教主题和景观内容。

**阅读材料**

**中国园林**

中国园林不仅造园历史悠久,风格独特,而且是中国文化的重要载体之一,充分体现了中国人对于山水自然、人生社会等多方面的哲理思考和美的感悟。中国园林类型多样,皇家园林、私家园林、宗教园林,都以其体同本一而又风格各异的姿彩各呈其美。但不管哪一类园林,其构景要素都是山水、花草、建筑等,这些要素经过造园者的精心设计组合,在有山有水,有花草有建筑的基本格局中,显现不同的建造思想和意趣,构成体现一定的思想和文化内涵的园林风貌。中国园林在很久以前就以其赏心悦目的形象和蕴涵深刻的构思,成为人们游憩心神,怡养性情的乐园。在旅游业兴起之后,园林又成为极为重要的旅游资源。总之,园林自古至今都是人们钟爱的游赏对象。

中国园林是中国古典艺术中的一种,具有极强的艺术性和审美价值以及极深的文化内涵,在后代园林的经济性质逐渐退化,士子文人等建造的私家园林兴起之后,园林在某种意义上又成为中国文化的一种立体展示。园林的建造理念和手法也经历了由最初的模拟自然、再造自然到再现自然的发展历程,建造者寄予其中的理念,通过具体的物象景观,通过象征等手法展现出来,园林甚至成了建造者人格、修养和人生观、世界观的形象注解。

(五)文化娱乐类旅游资源

现代生活离不开文化娱乐活动,文化娱乐活动既是人们生活的重要内容,又具有鲜明的旅游资源性质,因为它们具有强大的旅游吸引力,可以产生很好的旅游经济效益。掀起热潮的电影、电视剧作品,影响辐射力非常,一部《卧虎藏龙》使蜀南竹海一夜间家喻户晓成为旅游胜地,韩国电视剧的热播大大提升了中国人去韩国

旅游的热情,这都是文化娱乐资源的旅游价值的实际表现。文化娱乐类旅游资源主要有:

表演类文化娱乐资源:主要指表演艺术,如戏剧、歌舞、杂技、魔术,等等。

影视类文化娱乐资源:比如迪斯尼乐园、动漫世界、影视世界等旅游产品就是在广受欢迎的影视剧的基础上开发成功的。

节庆类文化娱乐活动:在特定的节日举办大型的文化娱乐活动以吸引旅游者。文化娱乐类旅游资源体现着现代文明的成果,包含着现代的社会思潮、现代人的观念、审美等时代特征,具有较大的开发价值,也具有相当大的研究价值。

**阅读材料**

## 有一种经济叫裴勇俊经济[①]

他不是最早在亚洲叫响的韩国明星,他的剧集在韩国从没有取得过特别高的收视率,他从来都不是韩国人最喜欢的男星,但是他在所有的韩流明星中享有最崇高的地位,因为他创造了最大的商业价值。从《冬季恋歌》到《外出》,他带来的经济效益还在源源不断的增加着,他创造了一种经济,叫裴勇俊经济。

早在2003年,这部让无数韩国影迷们如痴如醉的电视剧就开始横扫日本市场,2003年4月,《冬季恋歌》第一次在日本NHK电视台播出,尚未播完就获得如潮好评。2003年12月、2004年4月及12月,NHK应市场要求又三次重播,包括原装的韩语版,这在NHK历史上是史无前例的。而据有关机构的估计,《冬季恋歌》的播出及裴勇俊在日本的号召力,为去年的韩国经济贡献了不下10亿美元的收入。

**只要与他有关,一切都是经济**

三陟是裴勇俊新片《外出》的主要拍摄地,由于《外出》剧组在这里拍摄了4个月,在这期间,裴勇俊非常爱吃当地一家餐厅的一份套餐,这也使得这套套餐迅速成名,成为当地的“特产”之一,更有很多外国游客会专程来到三陟这个小镇来吃这套套餐,“裴勇俊定食”,一套1万韩元,生意非常好。这家餐厅的老板娘介绍,“现在会有很多外国游客来这里吃饭,大多数都是日本人,最多的时候一天有80多人,自从拍了《外出》以后,店里的生意也比以前有两三倍的提升。”除了“裴勇俊定食”以外,这家餐厅最有特色的就是四面墙壁上影迷的留言了,在一共只能摆下四五个餐桌的小屋的四面墙壁上,密密麻麻写满了给裴勇俊的留言,大多是日语。在记者采访当天,一位前来吃饭的日本游客甚至如数家珍地告诉记者,墙上哪一句话是裴勇俊自己写上去的签名。因为大家知道裴勇俊会经常来这里吃饭,或者叫人订餐,也有影迷把这里当做和裴勇俊交流的地方,在这里留下给裴勇俊的礼物。

在《外出》拍摄中,有大量日本游客专门赶到三陟看裴勇俊,这个以前基本没有

---

① 资料来源:新京报,2005-11-07;以及 http://news.piao.com.cn/200511/20052807022822.html.

外国游客的小镇，外国游客在短短几个月中达到了7万人，而这其中有一半是日本人。而当地和《外出》拍摄有关的一切场景基本现在都被利用起来，吸引游客。拍摄中裴勇俊居住的房间，花1万韩元就可以看到保持拍摄原样的裴勇俊的房间，房间里还摆有《外出》的剧本、车牌，以及裴勇俊穿过的衣服等与裴勇俊有关的物件。据老板介绍，由于《外出》的拍摄，选择居住在这家旅店的日本游客增加了50%，最初不在这里居住的客人不能参观这个房间，后来游客逐渐减少，才规定交1万韩元也可以观看房间，一天会有五六十人前来参观。

**《冬季恋歌》拍摄地堪比主题公园**

由裴勇俊、崔智友主演的韩剧《冬季恋歌》可以算是"韩流"达到顶峰的最重要一部作品，该剧在日本播出之后，日本来韩国旅游的游客大幅度增加，大批日本游客选择到《冬季恋歌》的拍摄场地江源道观光，最多的时候一天就有1000多人。

在《冬季恋歌》的主要拍摄地之一的龙平滑雪场附近可以见到多处当时的拍摄场景都被专门标示出来，在旁边竖有剧照以及简单的拍摄说明，一般文字说明都会有韩、中、英、日4种文字。在剧组拍摄期间的居住地龙平度假村更是可以随处见到和《冬季恋歌》拍摄相关的诸多痕迹，比如把当时剧中男女主人公约会的咖啡厅专门开辟出来供游客参观，门口就可以见到《冬季恋歌》的大幅海报，咖啡厅中一切设置均保留着当时拍摄的原始样貌，甚至在两人吃饭的餐桌上还摆放着一份与拍摄中一模一样的食物，剧中主演当时穿过的服装也挂在墙壁上，此外，咖啡厅中还专门提供地方给影迷留言。在拍摄男女主演一起度过一夜的海滨浴场至今还保留着当时拍摄时橘黄色屋顶的小房子，游客只要花100韩元就可以进去参观，据在这里生活了28年的河小姐介绍，这个小村庄原本只有韩国人知道，外国游客之前一个没有，但是自从《冬季恋歌》播出以后，一天最多会有200多的外国游客，相继也有其他很多电视剧电影来这里取景。

人文旅游资源还包括城市、城镇、历史遗迹、各类艺术作品等，这些旅游资源中同样包含着深厚的文化内涵，体现着鲜明的人文色彩。

**思考与练习**

1. 旅游资源分类的原则和依据是什么？
2. 为什么自然旅游资源也包含文化内涵？
3. 人文旅游资源的基本特征是什么？
4. 人文旅游资源包括哪些内容？
5. 中国传统建筑的文化内涵是什么？
6. 宗教旅游资源的主要特点是什么？
7. 民俗旅游资源的主要内容是什么？
8. 如何更好地利用民俗旅游资源？

# 第四章

# 旅游产品文化

**本章导读**

旅游资源归根到底要形成产品才能体现它的经济效益和社会效益。旅游产品的核心是文化。旅游产品的文化内涵,不是自然形成的,必须经过刻意打造。本章作为旅游资源文化的延伸和发展,在分析不同类型旅游产品的文化特征的同时,对规划、开发、建设各个环节文化主题和文化功能的开发进行分析讨论。

## 第一节　旅游产品的文化特征

### 一、旅游产品的概念

(一)旅游产品的定义

旅游产品,是旅游经营者为了满足旅游者在旅游活动中的各种需要,而向旅游市场提供的旅游吸引物、旅游设施和旅游服务的综合体。旅游产品,是一种综合型产品,经营者凭借一定的旅游资源,开发、建设旅游吸引物及相应的旅游设施,为旅游者提供各种服务;旅游者购买并消费旅游产品,其中最大量的是旅游服务产品。

旅游产品,作为一种完成全程旅游活动所需要的各种服务组合,包含三个核心要素:一是旅游吸引物,包括各种观光游览对象和娱乐休闲活动,即直接引发旅游者的旅游需求和实现旅游目的的依据;二是旅游交通和设施,它是保证旅游活动完成的物质基础;三是旅游经营接待服务,它是实现旅游目的的手段和方式。旅游产品从本质上说是提供服务。旅游经营者,凭借旅游吸引物和旅游设施提供的是一种服务;旅游者,追求的是一种完整的旅游经历和体验,他所购买的除了少量消耗性的有形物质产品以外,主要也是作为无形产品的服务。

我国旅游业,长期以来一直围绕自然景观和历史资源,来开发旅游产品。“游山玩水”、“名胜古迹”,成为中国传统旅游最常见最普遍的两种类型。但在当今世界旅游业的发展趋势中,正发生一系列结构性的变化:其一是,更加注重文化内涵的挖掘；其二是，由传统的陈列式、观赏式到更加注重参与式、体验型；其三是，经营方式和产品结构发生变化，更加注重人性化经营和专项产品的开发。

（二）旅游产品的设计

一个完整的旅游产品从内容上讲，应该包括旅游交通、旅游住宿、餐饮供应、游览观光、娱乐活动和旅游购物六个方面，也就是通常说的旅游六要素。设计一个旅游产品，应该包括实现一次完整的旅游活动所需要的各种服务，也就是以上六要素的综合。

设计一个旅游产品，应该抓住时间和空间两个基本面，也就是一手抓旅游行程安排，一手抓旅游线路制定。

科学合理安排好旅游行程，对于确保旅游质量、提高旅游效益是至关重要的。究竟是一日游还是多日游，是昼行夜伏还是日夜兼程，是快旅慢游还是慢旅快游，经营者要通过对旅游者心理的了解和掌握，作出不同的行程安排，适应不同的旅游内容。

要设计最佳的产品组合。一个旅游产品，并不一定是包括旅游景点越多越好。要把各种景点和服务有机搭配。有些旅行社推出“欧洲十日游”的菜单，十天跋涉14国，结果旅游者疲于奔波，看到的全是浮光掠影，蜻蜓点水，十天过去什么印象也没有留下，这未必是一个好的产品设计。要根据组团对象和活动性质（是观光，还是考察，抑或度假），充分考虑旅游者的心理需求，把最有特色的、不可不去的游览景点组合起来，把观光、游览、购物、娱乐合理搭配在一起，在最大限度满足旅游者需求的同时，突出线路、产品的特质，让旅游者真切地得到不同的文化背景和生活方式的体验，这才真正算得上是一个成功的设计。

## 二、不同类型旅游产品的文化特征

（一）观光旅游产品

观光旅游，是一种最基本、最普遍的旅游，不仅“单纯的”观光游，即使其他各种专题旅游产品中，也会结合进观光的内容。观光旅游，以观赏异国他乡的风景名胜、文物古迹、社会民俗为目的，满足旅游者的静态观赏的需要。我国幅员辽阔，山河壮丽，历史悠久，民族众多，由此产生的山水风光、文化古迹、民族风情等方面的资源十分丰富，具有开展观光旅游的优越条件。随着人民生活水平的提高，观光旅游的内容，也在不断丰富，层次在不断提高。传统的观光型产品，要丰富内容，提升其文化主题，突出个性特色，尽可能地把观光游览和休闲娱乐结合起来，增加其参与性和吸引力；与此同时，要开发新的观光型产品，包括自然风光、乡土民俗、技艺表演、建设成就，并注意突出观赏性，挖掘文化内涵。比如，遐迩闻名的苏州园林，就在观光旅游产品中引入休闲、娱乐等参与性、体验性元素，把园林、建筑和歌舞、表演融合在一起，收到意想不到的效果。

**案例**

## 夜夜笙歌舞翩跹
## ——网师园古典夜园[①]

夜夜笙歌舞翩跹。每年3月至11月,苏州古典名园——网师园的夜晚便格外热闹,来自世界各地的外国游客欢聚一堂,或听戏,或观剧,或赏乐,浓郁的地方特色、丰富的文化内涵和传统节目,加上精美典雅的园林环境,令宾客如痴如醉,流连忘返。这就是苏州市国际旅行社,从1990年开始,在网师园内举办的古典夜园。

作为一个旅行项目,古典夜园历经10年而不衰,接待客人总数有20多万,不仅取得了良好的社会效益,同时也获得了可观的经济效益。许多外国旅行社在编制中国苏州的旅游计划时,甚至将古典夜园列为必要项目。

众所周知,旅游由吃、住、行、游、购、娱六大要素构成。对于在目的地过夜的游客,娱乐显得相当重要。20世纪60年代,海外游客在苏州过夜,往往去苏州歌舞团欣赏文艺表演,表演很受客人欢迎。后来由于停车困难、演员流失等原因,这一节目被迫取消,在苏州过夜的外宾只得"放羊"。有的客人自行去书场听评弹,由于基本听不懂或不便翻译,从头至尾不知所云,最后,客人们只好待在房间里看电视。

苏州是著名的旅游城市,海外游客每年有几十万人,如果晚上没有精彩的娱乐项目,将大大影响外宾在苏州逗留的时间,最终影响客源。时任苏州国旅公司副总经理的顾坤元为此颇费心思。他告诉记者:苏州历史悠久、文化底蕴深厚,既有举世闻名的古典园林,又有独具风韵的昆曲、评弹等传统戏曲,能否把两者结合起来,推荐给外国游客?思路一开,诸事顺遂。首先经过缜密考虑,决定选择网师园,因为这是最受欢迎的园林之一,虽然全园面积不足10亩,但结构合理,布置得体,小巧玲珑,充满古朴优雅之情,其厅堂亭榭很适宜小品演出。此外,它坐落于南林、苏州、竹辉等多家涉外饭店附近,地理位置适合,客人步行即可到达。

古典夜园不负众望,一炮打响。每天夜幕降临,网师园内华灯齐放,映照得园内亭台楼阁更具诗情画意,富有浓厚地方色彩的评弹、昆曲、古筝、笛箫、民间歌舞等,分别由身着古装的演员在各厅堂演出。一个厅台一出戏,游客移步换戏,况且演员与观众共处一堂,增加了亲切感和交流机会,许多游人常常忍不住上台弹几下琴弦,学几个舞步,其乐融融。

### (二)休闲度假旅游产品

严格地讲,休闲是一个大概念,旅游是一个属概念。休闲的方式很多,逛街购物是休闲,看戏看电影是休闲,探亲访友是休闲,打牌下棋是休闲,旅游也是休闲的一种方式。但人们习惯上讲的休闲度假旅游,一般指以休闲度假作为目的的旅游。这种旅游往往不具备明确的目的,也不以观光游览作为主要目的,仅仅是放松心

---

① 资料来源:沈祖祥主编. 世界著名旅游策划实战案例. 河南人民出版社,2004:158.

情、调节身心、改变生活环境和生活方式，选择郊外，或度假区、或农家乐等，小住几天。休闲度假旅游，在西方经济发达国家已经成为主要的旅游方式。在我国，随着人民经济生活水平的提高，居民收入的不断增多，休闲度假也正在一部分人中兴起。1992 年，国务院正式批准在大连金石滩、青岛石老人、苏州太湖、无锡太湖、上海佘山、杭州之江、福建武夷山、福建湄州岛、广州南湖、昆明滇池、三亚亚龙湾、北海银滩 12 个地区，建立国家旅游度假区，推动我国休闲度假旅游进一步快速发展。

由观光旅游向观光游览和休闲度假并重的旅游过渡，是我国人民物质生活提高的必然趋势，也是我国旅游业顺应国际旅游市场潮流和趋势的必然选择。但是总体上说，我国的休闲度假旅游产品类型还是以文化观光、景点游览为主，还不能满足多层次旅游者的需求。开发休闲度假产品，要根据不同的市场需求，在不同区位、不同地域开发不同方式的休闲度假；休闲度假旅游，是相对高端的市场产品，要尽可能提供齐全的服务，提高服务档次；要深度开发，注重创意，不断提高产品的品位和知名度。

（三）文化旅游产品

文化旅游，是以文化作为直接的消费对象，提供文化的真实体验，把文化性、体验性和娱乐性融于一体，让旅游者通过自身的审美情趣，获得精神上、文化上享受的一种旅游活动。一般地讲，旅游就是体验和感受不同文化背景的生活方式。旅游经营的就是文化。任何一个旅游产品，都要突出它的文化内涵和特色，体现旅游行为的文化主旨。而以“文化旅游”冠名的产品，就更要特别强调产品独具的文化底蕴和特有的文化氛围，在编排旅游线路、组合旅游产品时，用各种丰富多彩的文化节目来满足不同游客的精神需求。不同的文化环境、文化形态、文化景观、文化信息，是开展文化旅游最根本的资源和基础。所以，发展文化旅游就要保持和发展多姿多彩的民族文化、地区文化和传统文化。

文化旅游的产品形式不拘一格，它可以是体验性的，如民俗风情旅游、都市风光游、饮食文化游等；可以是观光性的，比如历史文化游、宗教文化游、园林文化游等；可以是学习考察型的，如修学游、科技考察交流游、博物馆游等；可以是带有某种特定主题目的的，如寻根访祖游、唐诗寻踪游、除夕撞钟游等；也可以是纯粹消遣的，如借助一些奇闻逸事、奇人异物以满足旅游者好奇心理而开发的专项旅游等。

文化旅游的发展具有强劲的生命力。在一些旅游发达国家，如西班牙、法国、美国等，都十分重视开发文化旅游产品。近年来，我国各地也都十分重视本地文化资源的挖掘，打造出一批品牌文化旅游产品。世界旅游组织在 20 世纪末曾预测，文化旅游将和生态旅游、主题公园和专项旅游一起，引领 21 世纪的旅游潮流，这一预测正被新世纪的旅游实践所印证。

**案例**

## 美国旅游业中增长最快的项目——文化旅游[①]

纽约是美国第一大都会,众多的景点吸引了大量的外国游客;纽约的文化活动产生近100亿美元的经济效益,其中四分之一来自游客。费城美术馆1999年举行了19世纪法国画家塞尚的画展,大约55万人参观,打破了这家美术馆120年以来单项画展观众人数最高的纪录;同时给这座城市带来了8 700万美元的收益。

文化旅游的发展带动了美国30多个州竞相开拓文化旅游项目。加利福尼亚州洛杉矶文化旅游负责人罗伯特·巴雷说:"文化旅游大概是美国增长速度最快的旅游项目。因为各个城市发现,文化旅游可以获得相当可观的收入。"据统计,1996年,有5 400万美国人进行了至少一次161公里的旅游活动,参观博物馆和历史景点。有3 300万人专门为参观文化活动或艺术节而旅游。在美国人中,27%的人每年要把总数达数十亿美元花在文化旅游上。

为了增加文化旅游的项目,美国的许多城市大力兴办文化旅游点。在佛罗里达州的奥兰多,每年有大约3 700万人参观这里的迪斯尼乐园、制片厂和海洋世界。担心景点多年不变会使游客乏味,奥兰多市还请来世界著名男高音歌唱家帕瓦罗蒂和多明戈等人开演唱会,举办毕加索画展,邀请伦敦交响乐团来演出,当地的乐团还举办了以《海边贝多芬》为题的两周古典音乐节和有关贝多芬及古典音乐知识讲座,并放映有关影片。当地的美术馆、科学中心、影剧院、乐团、芭蕾舞团都成为奥兰多吸引游客的文化项目。精明的奥兰多人甚至还想出了借助外国文化传统扩大旅游收入的点子,于2000年5月举办了为期4个半月的中国帝王陵墓出土文物展览。

美国的其他城市都在想方设法增加"文化味"。亚利桑那州的比斯比原来是一座采矿业城市,现在这座城市有27座画廊,3座博物馆,2000年5月还举行了首次艺术节。弗吉尼亚州的滨海城市诺福克投资190万美元,举办了为期18天的国际艺术节。在新墨西哥州的罗斯韦尔,传说50年前曾有一架飞碟在这个地方坠毁。罗斯韦尔市的旅游部门借助飞碟坠毁周年纪念开展文化旅游活动,有近10多万游客参观罗斯韦尔的博物馆、美术中心、天文馆和其他文化设施。

美国的旅馆业也积极参与文化旅游事业。波士顿的十几家旅馆与波士顿科学博物馆联手组织游客参观波士顿科学博物馆的达·芬奇画展。费城的四季饭店安排游客欣赏费城交响乐团的演出,参观费城白兰地酒河美术馆、大森林花园。在休斯敦,饭店也和旅游公司挂钩免费组织游客参观剧院和其他文化景点。加利福尼亚的圣何塞是美国高科技城市硅谷的所在地,这座城市的旅游业和旧金山共同开展文化旅游活动,联手组织音乐会、芭蕾舞会演出,以增客源。

---

① 资料来源:王东. 美国旅游业中增长最快的项目——文化旅游. 北京日报. 1997-06-26.

有些大城市还利用重大事件搞文化旅游。举办过奥运会的亚特兰大,组织了100 多个艺术和文化组织搞为期 3 年的文化旅游活动。

美国的"母亲河"密西西比河沿岸的几座城市搞起了文化旅游长廊。圣路易、孟菲斯和新奥尔良 3 座沿河城市是美国音乐传统最丰富的地区,这 3 座城市组成了长达 1 126 公里的音乐长廊,营造文化旅游氛围,吸引了美国各地及远在日本的音乐爱好者来到这座音乐长廊漫游。

(四)会展旅游产品

会展旅游,国际上统称为 MICE(Meetings, Incentives, Conventions and Exhibitions),即会议、展览和奖励旅游。在我国对会展旅游的定义尚无明确、统一的界定,但通常指包含各类专业会议、展览会、博览会、奖励旅游以及大型文艺体育盛事等活动在内的综合性旅游活动。

会展旅游,是由于会展活动的举办而产生的一种旅游活动形式。它不等于会展业,也不能把所有的会展活动参与者和主办者都当成会展旅游者。会展旅游,也不是会展活动和会前或会中或会后观光游览的简单相加。会展旅游作为商务旅游市场的重要组成部分,它在目的追求上和发生要素上都不同于休闲旅游,它与休闲旅游相比具有客人档次高、消费水平高、停留时间长、组团规模大、利润丰厚、活动互动性强等特点。会展旅游是会展经济发展的必然产物,是会展产业链的一个重要环节。会展业是构成会展旅游的核心基础;没有会展就没有会展旅游,会展旅游是会展业的延伸。

目前,世界上每年举办参加国超过 4 个、参会外国人数超过 50 人的各种会议有 40 万次以上,会议总开销超过 2 800 亿美元。会展业发达的国家也是会展旅游发达的国家,它们绝大多数位于欧美。我国会展旅游的历史相对较短,但近年来我国的会展旅游发展迅速。据国际大会和会议协会(ICCA)预测,中国有可能成为 21 世纪国际会展旅游的首要目的地。

开发会展旅游产品,应该强调几个环节:

一是要符合会展旅游者文化品位高、经济能力高、社会地位高和商业性强的"三高一强"特点;

二是要结合当地的地域文化特点,与当地的社会文化资源有机结合,提高产品品位;

三是要打破地域界限,跨区域合作,形成合力,才能最大限度发挥经济效应;

四是要不断完善会展基础设施,提高硬件设施和软件接待能力,提高产品能级;

五是要加强和国际组织的合作与交流。

(五)专项旅游产品

专项旅游,或者称作"特种旅游",是近年来迅速升温的一种旅游产品。随着人们经济生活和文化水平的提高，旅游者不再满足于静态的、千篇一律的观景旅游，产生了各种不同的兴趣爱好和需求。专项旅游适应这种需要，更加注重多样化、个性化和体验型，满足旅游者的各种特殊需求，因而深受旅游者，特别是青年旅游者的欢迎。

1. 农业旅游

指以包括农、林、牧、副、渔等农业生产和农村为载体，为游客提供特色服务的观光、游览、休闲、度假、科普、考察等形式的旅游活动。和农业旅游这类产品相近的还有乡村旅游、观光农业、休闲农业、农家乐等。农业旅游的开发按其不同功能，可分为传统体验型、都市科技型和休闲度假型三类。传统体验型农业旅游充分发掘和城市生活形成鲜明反差的农村生活和农业生产，满足旅游者的需求；都市科技型农业旅游以高科技为特征的现代农业生产园区，兼具农业生产和科普教育双重功能；休闲度假型农业旅游，利用各类农业资源，组织各类体验性游乐性活动，吸引旅游者短期住宿、休闲度假。

2. 工业旅游

指以工业生产过程、工厂风貌、工人的工作和生活场景为主要吸引物的旅游活动。工业旅游发展的市场基础，是人们求知、求奇的愿望。工业旅游产品的开发，不但使工业产业找到新的经济增长点，增加就业岗位，还能成为企业的一笔无形资产。通过向社会展示企业形象，向消费者展示产品生产过程，企业可提高知晓率和知名度。

开展工业旅游，既可以是最先进、最时尚的工业企业，如汽车制造工厂、IT 企业、航天工业企业等，展现最高端最先进技术产品的制造；也可以是一些近代发端的、历史悠久的百年工业老厂，展示近代文明是从哪里开始的；还可以是一些别具特色的、能引起旅游者极大兴趣的企业，如一些创意产业企业和造币厂、玉石雕刻厂、葡萄酒厂等。搞产业博物馆，集中展示产业历史、生产流程、企业特色，也成为受欢迎的工业旅游形式。

3. 都市旅游

依托大都市的经济社会地位，根据城市的功能定位和资源特点，以都市为载体，整合整个都市资源，把旅游融合到都市各种产业中去，使都市风光、都市文化、都市商业和都市休闲娱乐融为一体，作为自身旅游发展的特色和目标定位，就是都市旅游。都市旅游无论从需求方面还是从供应方面，都蕴涵着强烈的时代特征和巨大的市场价值。但是，并不是只要是城市就可以开展都市旅游，都市旅游具有鲜明的文化特征，就是经济的繁荣性、时尚的趋前性、文化的独特性、信息的密集性。正如世界旅游组织所指出的，随着主要旅游客源国 20 世纪 60 年代出生高峰的一代人的不断成熟，对文化品位的追求越来越受到欢迎；而现代大都市最能体现现代社会的时尚和文化品位，因而历来是旅游者向往的目的地，几乎没有一个现代化国际大都市不是旅游城市的。

**专论**

## 上海与都市旅游①

上海,东海之滨的一颗璀璨明珠,正以其独特的魅力,受到海内外旅游者广泛的关注和青睐。2004 年,光临上海的入境旅游者超过 491 万人次,而国内旅游接待人数更是达到 8 505 万人次。上海不但将成为中国的经济中心、贸易中心、金融中心以及航运中心,也将成为太平洋西岸的国际旅游中心。

上海旅游业的发展,是与"都市旅游"的定位和发展紧密联系在一起的。1997 年上海市委、市政府确定了上海发展都市型旅游的产业定位,为上海旅游业发展指明了方向。1998 年底,上海被评为中国优秀旅游城市。8 年来,上海的旅游业走上了良性发展的快车道,"都市旅游"也得到来上海的国内外旅游者的普遍认同和赞赏。

8 年来,人们对"都市旅游"的认识有一个不断深化的过程。1995 年在当时的上海黄浦旅游节(上海旅游节的前身)期间所举行的"都市旅游国际研讨会"提出了都市旅游的概念,1997 年上海市委、市政府提出都市旅游作为上海发展旅游业的产业定位。然而当时对"都市旅游"的提法,业内外人们还有许多疑惑。这些疑惑主要表现在三个方面:

1. 都市旅游是不是一种旅游? 经常会听到这样的说法:游名山胜水、名胜古迹才算得上是旅游,到都市去走走看看,也算是旅游吗?

2. 都市旅游能不能作为上海的旅游业的品牌? 曾经就有人公开诘难,上海提出都市旅游,那北京、广州、重庆的旅游是不是都是都市旅游呢?

3. 上海之所以提出都市旅游,是因为上海一无名山胜水,二无名胜古迹,又想发展旅游,于是不得不提出"都市旅游"的说法。

这些似是而非的问题,如果得不到正确明晰的回答,显然会影响到上海旅游事业的发展。而上海都市旅游发展的实践,又雄辩地回答了这些问题。

首先,旅游的本质在于体验和感受一种不同文化背景的生活方式。观光游览作为旅游的一种形式、一项内容,早已不是唯一的旅游形式。世界旅游组织早就指出过,随着主要旅游客源国 20 世纪 60 年代出生高峰的一代人的不断成熟,对文化品位的追求,越来越受到欢迎。而现代大都市,最能体现现代社会的时尚和文化品位,因而历来是旅游者向往的目的地。几乎没有一个现代化国际大都市不是旅游城市的。不讲欧美,就中国香港、新加坡,都谈不上有多少风景名胜,但它们都以都市资源,跻身于世界知名的旅游中心之列。上海作为东方大都会,正在建设"四个

① 姚昆遗. 上海与都市旅游. 澳门:市民日报. 金融经济论坛,2004-07-05.

中心”，发展都市旅游，是题中应有之义。

至于上海提出都市旅游，和北京、广州等其他大城市的旅游会不会发生交叉重复，这更不应该是个问题。旅游的内核是文化。每个城市都有自己的文化特征和背景。上海的海派文化、北京的京兆文化、广州的岭南文化、香港的港派文化，都有自己鲜明的地域和历史特色，在城市形态、城市风貌上留下自身独特的、鲜明的个性印记。旅游者正是冲着这种个性而来的。上海在提出都市旅游定位时，明确把都市风貌、都市文化、都市商业作为内涵，正是从上海自身的历史特点出发的。

尤其要提到的是，上海提出都市旅游，不是被动的、消极的无奈之举，而是审时度势、充分考虑自身的优势、条件之后的抉择。不能说上海是因为没有名胜古迹，所以“只好”发展都市旅游。每个城市、每个地区在给自己定位时，都需要扬长避短、度身裁衣。上海的“长”就是上海是一个大都市，具有大都市所有的各种优势，这是其他许多景区景点、许多城市所不具备的。杭州有西湖之美，这是杭州的特色，是其他城市所没有的，所以杭州定位湖光山色风景城市；苏州有园林之美，是苏州的特色，所以苏州定位园林城市。没有人会说杭州、苏州是因为没有都市资源而“不得不”发展山水、园林。同样，上海发展都市旅游也是从城市自身定位和资源特色开始的。

8年来，围绕都市风光、都市文化、都市商业，上海的都市旅游已经上了一个新台阶。老的景观——外滩、南京路、豫园城隍庙锦上添花，新的景观——东方明珠、浦东陆家嘴、新天地层出不穷；城市在变绿，苏州河在变清，传统的不夜城，同时也已经成为园林城、生态城。作为一个国际化大城市，商业布局更趋完备，购物环境更加改善，国际名品云集，上海正在朝着名副其实的购物天堂迈进。

经过8年的实践，上海的都市旅游正进入一个新的发展阶段，其主要特点：

一是由传统的单纯观光游览，向观光游览和休闲度假结合转变，旅游渗透到各行各业，和工业、农业、教育、体育、交通、文化、会展等各业更紧密地结合，形成新的业态，形式更加活泼多样，内容更加丰富多彩，文化品位也更高雅；

二是上海的都市旅游和浙江的山水风光、江苏的人文景观在更高层次上的互补联动，上海的都市旅游的影响进一步向浙江、江苏，乃至整个长江三角洲辐射，形成更大范围、更高层面的长三角旅游圈。

可以想见，随着上海四个中心的建成，上海国际化大都市的进一步形成，上海的都市旅游也将更加兴旺繁盛。

4. 探险旅游

这种面向特定的旅游者群体、以探险为目的的旅游，有强烈的刺激性，对旅游者的精神和体力都是一种锻炼，甚至是一种挑战。这种旅游往往选择在高山、峡谷、荒漠、森林等人烟稀少、景观独特、道路艰难的地区，旅游者一般以富有冒险精神的青年为主。比如深得探险旅游者青睐的新疆地区，由于其区位特殊，地貌多变,既有闻名中外的世界第二大流动性沙漠塔克拉玛干沙漠,又有准噶尔盆地内被风蚀的千奇百怪的城堡,还有罗布泊地区雄浑壮观的雅丹地貌,观赏性和科考价值都极高,罗布泊、楼兰遗址、尼雅故城、龟兹故城等,更成了探险旅游的首选。探险旅游是一种文化品位较高、参与者面相对较窄的特种旅游产品,这种旅游应该特别重视加强物质保障和安全措施。

5. 修学旅游

这种旅游把旅游活动和进行历史、文化或自然科学的学习和研究活动结合起来,在旅游的过程中,既完成相应的学习考察,甚至可以酌情获得相应的修学证书,又可以参观、游览或者参加各种相关的文化娱乐活动。修学旅游既可以由旅行社操办,也可以由接待单位(如学校、团体等)经办。这种产品寓旅游、学习、考察于一体,所以深得旅游者特别是青年学生的欢迎,过去日本、美国都有这样的修学旅游团定期来中国,所到之处参观当地名胜,考察当地学校,了解当地社会民俗,和中国学生联欢,或者举办各种文化讲座、研习班,影响很好。近年来,国内各种修学旅游也开始发展起来。有的和"高校游"结合在一起,介绍名校名师,弘扬学习风气,很得大学、中学学生及其家长的欢迎。

6. 自驾车旅游

在一定的旅游区域内,个人或全家驾驶自备汽车而进行的一项旅游活动。由于自驾车自由、灵活、便捷、迅速,因而很得有车族的青睐,成为他们常用的一种旅游方式。在我国随着人民经济生活水平的提高,拥有自驾车的人的比例也不断提高,因此自驾车旅游已经初露端倪,成为年轻拥车族喜爱的一种出游方式。

## 三、旅游产品文化主题的提炼

旅游的本质是旅游者体验和感受不同文化背景的生活方式,文化是旅游的核心,在旅游的过程中,旅游者消费的是文化、经营者提供的也是文化,所以,只有在文化上具有独特创意、别具一格的旅游产品,才具有生命力。我们经常听见抱怨,中国的主题公园70%～80%都是亏本的,也因此得出结论主题公园不符合中国国情,不适合中国市场。实际上,有些主题公园之所以在中国惨遭失败,根本的原因并不在中国人不接受主题公园这个形式,而在于中国的绝大多数主题公园,尽管投资动辄几亿十几亿,但却存在着一些类似的致命弱点:投产前缺乏认真的市场调查,选址不当;主题公园本身缺乏主题,缺乏特色文化,而且粗制滥造、一味模仿,缺乏创意;开业后缺乏专业化管理。而在这三个"缺乏"中,缺乏主题、缺乏文化、缺乏创意又是根本性的问题,所以导致游客流失、经营萧条。

主题公园的尴尬,在其他旅游产品上也一再重演。它给我们的启示是,文化主题是旅游产品的生命,也是核心竞争力。个性鲜明、富有文化底蕴的主题,可以长久地起作用,使产品在旅游消费者心目中留下久远的印象,而主题形象模糊的旅游产品，在旅游者心中不能留下明晰的印象，自然也就吸引不了旅游者。

要提升旅游产品竞争力，就必须着力提炼产品的文化主题，主要应扣紧三个节点。

(一)从目标市场出发，给产品的文化主题定位

旅游产品作为一种文化产品，它是以旅游主体——旅游者作为出发点的，唯有了解市场的结构，市场的需求，明确自身产品的目标市场，确立起来的产品主题才能立足于市场。

在确定旅游产品的目标市场时，不但要了解、掌握市场的一般特点和总体趋势，还必须对市场进行细分，包括从人口学角度、行为心理学角度和社会文化角度等多角度、全方位的分析。从人口学角度应分析旅游者的性别和年龄、区域和范围、教育背景和文化水平、职业和收入等；从行为心理学角度应分析旅游者的个性特点、兴趣爱好、价值取向、需求程度等；从社会文化角度应分析旅游者的民族背景、宗教信仰、政治倾向、社会阶层、生活方式等，从这些众多的信息中提炼出合理的内核，捕捉市场的关注点和走向。现代旅游是一种大众旅游，但是大众中间又是分为群体的，不同的群体的文化需求、文化品位、文化鉴赏力都不一样，不能指望一个产品“老少咸宜、东西毕至、包打天下”(当然，搞产品组合，又是另一个概念了)。在策划、打造每一个具体旅游产品时，要针对不同的市场群体，表现出鲜明的个性，有明确的指向。以美国加州为例，迪斯尼乐园、加州乐园和环球影城，虽然三个大型主题公园会聚一城，但是不但没有因此相互倾轧，你死我活，反而是相得益彰、互补互存，原因就在其每一个产品针对国外旅游者、本地旅游者，观赏的、体验的，动态的、静态的，文化的、刺激的，青少年、中老年等，定位都很明确，所以取得了成功。同样的个案，在中国的深圳，世界之窗、中华民俗村、欢乐谷相聚一堂，形成合力，扩大了影响。许多地方推出了旅游产品，之所以迟迟打不开市场，或者昙花一现，“英年早逝”，重要原因之一是主题不明，定位不清。自己都不知道自己的主打产品要面对哪一个群体，又怎能指望得到旅游者的认可和青睐呢?

(二)以资源为依据，开发富有个性文化特点的旅游产品

文化具有传承性、相对的固定性。给旅游产品的文化主题定位，切忌随意性。要以自身的资源特性为依据，从资源出发，审时度势、因地制宜，加以提炼，而不能随心所欲。我国地域辽阔、历史悠久、资源丰富，单纯从资源本身的性质来看，历史文化、民族文化、地域文化、聚落文化、民俗文化、山水文化、园林文化、饮食文化等都足以构成内容丰富、个性迥异的旅游产品体系。但是每个地区的历史背景和地理条件不一样，任何地方都不会有包罗万象、应有尽有的资源。只有充分挖掘最有自身个性特色的资源，形成自己的主题定位，才能形成品牌。我国国家旅游局把我国丰富的旅游资源进行整合，从1992年起，每年向国际旅游市场推出一个促销主题，使中国的旅游产品形成系列，收到非常好的效果。这个系列主题产品

是：

| | | | |
|---|---|---|---|
| 1992 年 | 中国友好观光年 | 1993 年 | 中国山水风光游 |
| 1994 年 | 中国文物古迹游 | 1995 年 | 中国民俗风情游 |
| 1996 年 | 中国休闲度假游 | 1997 年 | 中国旅游年 |
| 1998 年 | 华夏城乡游 | 1999 年 | 生态环境游 |
| 2000 年 | 神州世纪游 | 2001 年 | 中国体育健身游 |
| 2002 年 | 中国民间艺术游 | 2003 年 | 中国烹饪王国游 |
| 2004 年 | 中国百姓生活游 | 2005 年 | 中国旅游年 |

我国许多地方也紧紧抓住自身的文化特色,成功地打造主题旅游产品,牢牢地占有市场,如云南以少数民族为特色的傣族泼水节、江苏扬州挖掘历史文化推出琼花节、山东青岛在自己城市的标志性产品啤酒上大做文章推出青岛啤酒节、新疆吐鲁番则以自己的传统产品葡萄亮出新疆葡萄节、北京有胡同游、上海有石库门游,等等,这种扎根于自身资源基础上的文化主题旅游产品,不是生拉硬凑的,也不是别人可以轻易模仿"克隆"的,就有独占性,就有吸引力。

此外,许多地方抓住机遇,打造主题。浙江温岭抓住自己的地理区位优势,在新旧世纪之交的 1999 年、2000 年打出"新世纪第一缕曙光"的文化主题。它并没有求多求全,只抓一个主题,但抓住了新旧世纪交替的机遇,抓住了旅游者祈求新世纪新开元的心理。主题定准了,一炮打响了。浙江龙游,凭借近年新发现的一系列存在未决悬念的地室石窟开发旅游产品,把主题定在"世纪之谜"上,围绕着"谜"做文章,贯串古今,穿越时空,提出重重谜团,悬而不决,虽有故弄玄虚之嫌,但它抓住了旅游者求奇、求特、求知的心理,把一些千百年来默默无闻的深潭水洼演绎得有声有色。反之,我们也看到一些地方,不从自身资源的条件出发,牵强附会,移花接木,跟风造景,明明缺乏深厚的历史底蕴,修造一个寺庙就号称"宝刹古寺";完全没有山水资源,也要堆出一座山,挖出一个湖,打造所谓"山水城市",这种不顾自身资源基础,生硬地开发旅游产品,其实是最缺乏文化的表现。

**案例**

## 胡同里的老北京
### ——北京胡同旅游①

北京的旅游产品不断推陈出新。1992 年首推胡同旅游。谁能想到胡同旅游是由一位摄影师推出的呢?

早在 1989 年,专职摄影师徐勇拍摄了一系列以胡同为题材的作品,并编辑成册,出版了《胡同一百零一》这本摄影集。许多外国人被照片中的文化氛围深深感

① 资料来源:沈祖祥主编. 世界著名旅游策划实战案例. 河南人民出版社,2004:265.

染,对胡同产生了浓厚兴趣。徐勇本人也常被请去向他们介绍胡同的更多细节。

一日,徐勇陪同来自英国的几位游客在胡同游览。他看到外国游客极希望从北京胡同了解中国的古老文化,不禁想:我是不是可以成立一家公司,以旅游为形式,帮助外国人了解北京这种代表百姓、反映百姓生活的文化?那么选择什么样的景点才能体现这种文化呢?选来选去,什刹海地区成了最终目标:这里的胡同曲折迂回,闹中有静,又毗邻碧波荡漾的什刹海,其间又有名人故居、帝王花园点缀;四合院当然应是首选景点,它由砖墙包绕,自成一道风景。向游客展示四合院,无疑会满足他们的好奇心,也更加深他们对北京一个生活侧面的了解;鼓楼一直是北京城中的一个重要建筑,它处于故宫、景山中轴线的最北端,站在鼓楼上,北京的风貌可尽收眼底,因此自然也在首选范围之内。

与前两处风景形成对比的是附近的贵族大宅院——恭王府。在这里,游客可以在戏楼里看戏,进一步体会中国文化的底蕴,因为这毕竟是曾经有过的一种社交方式。舒适的环境和有节奏的韵律变化使人尽情领略古都风采。

当然,还要选择交通工具。出人意料的是,徐勇并没有考虑选择展现现代特点的旅游车或小汽车。他把注意力集中到了老北京的人力三轮车上:三轮车轻巧,流动性强,与胡同形成很好的搭配。选择的人力车夫也十分具有中国特点:朴实、稳重。

但三轮车的审批工作困难重重,最后经过市政府领导的斡旋,发了特批文件,才给漫长的审批工作画上了句号。阻力并不局限于审批三轮车。在一般人的观念中,胡同总是与“破旧”二字联系在一起,不登大雅之堂。许多人也对胡同旅游存有疑虑:与故宫等皇家园林相比,胡同既无帝王气魄让人惊讶,又无珍宝古玩悦人耳目。游人说:去胡同,还不如去亚运村!

果真如此吗?“不去胡同,不知北京。”徐勇创建的北京胡同旅游公司这样说。胡同旅游本身所具有的文化魅力吸引了无数外国游客。如今,“到胡同去,了解老北京,理解新北京”的广告已为常住北京的数千海外人士所熟知。公司自创建至今,接待了近34万游客。他们中有政府首脑、美中关系协会主席、电脑专家比尔·盖茨等。公司还接受了英国广播公司(BBC)、德国电视台的采访。

胡同旅游取得的成功,归根结底,在于深入挖掘旅游吸引物的文化内涵,并正确地选择了目标市场。它瞄准欧美旅行者。西方人对远离自己的文化的好奇心很强,而胡同本身蜿蜒曲折的特点也正迎合了西方人的猎奇心理。另外,它打破了几十年来外国人在北京旅游以帝王生活为中心的模式,将游客带入寻常百姓家。每两位游客坐一辆三轮车,而且每辆车都伴有陪同,这样就保证了讲解及服务的质量。

还须一提的是,在胡同旅游全过程中,不安排购物,公司也不许导游带客人去购物,这使得胡同旅游的文化韵味不被破坏。

### （三）围绕主题，在形象和营销上进一步提升文化品位

旅游产品是一个综合性产品，开发旅游产品文化主题是一个系统工程，不但要把握好产品的内容和定位，而且产品的形象塑造和营销推介同样体现了产品的文化品位。

形象是内涵的延伸和外在表征，目前许多地区在开发打造旅游产品以及规划旅游产业发展时，都十分重视旅游形象的塑造，应该说是把住了脉。好的旅游产品不但以其深邃的内涵吸引和打动旅游者，还要具有和内涵相匹配的形象。中国旅游以铜奔马为图形标志，是一种很好的文化创意。出土于我国甘肃武威的千年青铜奔马形象地表达了中国悠久的历史和深厚的文化底蕴，而构思奇巧、造型灵动隽美的“马踏龙雀”（龙雀，一说为“飞隼”）形象以及同为“日行千里”的千里马和龙雀，则逼真地喻示了旅游遍及四方和旅游产业日新月异。浙江省把“山水浙江、诗画江南”作为自己的旅游形象口号，浓缩了浙江省自然山水、人文诗画的丰富内涵，对提升浙江的旅游品位，推介浙江的旅游产品起到了十分好的作用。香港的旅游形象，从“购物天堂”到“魅力香港，万象之都”，最后定格在“动感之都，就是香港”，突出了香港这个东方大都会的活力、动感和风采，准确把握住了香港这个城市之魂，把整个香港的旅游文化主题推上了一个新的台阶。

营销，不是简单的推介手段。旅游营销应该是旅游产品文化主题演绎展示的过程。2000 年国家旅游局组织国内一些省市旅游局和大型旅游企业，以“中国文化美国行”为主题，到美国举行了一次大规模的旅游促销活动，这次活动围绕“总统之旅”、丝绸之路、江南水乡和西南民俗风情游四个专题，运用图片、实景模型、多媒体演示、歌舞表演、文物展示、手工艺现场展演等各种手段，把多姿多彩的中国旅游产品展现得淋漓尽致；特别是“总统之旅”的创意在当年堪称一绝，1998 年美国总统克林顿访华，本身是一个备受关注的热点新闻，克林顿总统访华一路行程，到西安看兵马俑，到北京登长城，到上海逛城隍庙，到桂林游漓江，所到之处都是中国的热点旅游城市。报道总统之旅，无形之中就是宣传中国丰富的历史文化旅游资源。中国驻美旅游办事处联合相关方面，把西安、北京、上海、桂林连成一条旅游热线，打出“跟随总统足迹，领略中华奇迹”的促销口号，在美国各大新闻媒体上推出，收到极其良好的宣传效果和营销效益。到上海去旅游的中外旅游者都知道上海有一个“新天地”，其实，“新天地”也就是在上海的传统建筑中注入了时尚文化和时尚商业的元素，但是它在营销中正确定位于“让中国人感受洋气，让外国人感受土气，让年轻人感受时尚，让老年人回味传统”，充分体现了上海“海派文化”的特质，因而受到不同阶层人们的普遍欢迎，营销创意大获成功。

当然在营销问题上也有主题定位失当、片面强调经济效益而忽视文化效应的案例，比较典型的如“告别三峡游”这个旅游产品的推出。国务院作出修建三峡水电站的决定后，随即在旅游界就掀起一股不大不小的“告别三峡游”的热潮。应该

说这个创意很有新意,既抓住了当时的新闻热点,也抓住了人们对修建三峡水电站会淹没著名景观的担忧的心理,因而“告别三峡游”的热线持续爆满,收到了比预期还要好的营销效果。但是随着三峡大坝合龙和工程的进展,对这个旅游产品和营销策略的批评一浪高过一浪,主要的批评意见有两条,一条意见是这个产品创意夸大三峡大坝淹没了一批景观,而没有看到三峡景观并没有完全丧失,甚至水库建成后还产生了一些新景观,因此“告别游”的影响很坏,文化上站不住脚;另一条意见是由于这个产品创意打的是“告别”的旗号,它只顾及到吸引游客来“告别”的眼前利益,损害了告别之后的长远的利益。事实上大坝合龙后三峡旅游一落千丈,损失惨重。

所以,对于一个旅游产品的文化主题的提炼,要多方面审视,全面设计。

**案例**

### 上海新天地
### ——中西文化碰撞出的火花①

新天地是上海近年来崛起的一个时尚休闲之地,可以说已经成为新上海的一张名片。不仅沪上的年轻人与时尚人士会聚于此,越来越多的国内外游客也慕名而来,时装表演、日本鬼太鼓座表演、著名影星的电影发布会、模特儿大赛等各种时尚文化活动,也纷纷以“上海新天地”为亮相之地,这里的时尚“前沿阵地”的地位在“开场”不久已经确立,上海又多了一处值得炫耀的旅游风景点。

如果仅从新天地内的娱乐内容来看,无非也就是餐饮、娱乐、休闲等时下流行的消费项目,这样的休闲场所在上海有许多,而新天地能够脱颖而出的关键是把握住了文化这一旅游策划的核心和灵魂。

新天地紧临中共一大会址,面积有如一个小公园,为了与中共一大会址的建筑相协调,在改造中拆旧如旧、修旧如旧,于是在旧石库门建筑老区内出现了以餐饮、娱乐、休闲、历史、文化为内容的全新的石库门的“上海新天地”。在这里,房舍是旧的,但内部的设备是现代的、意念是新的,旧上海里弄的海派风情与格调幽雅的西式餐厅、酒吧、咖啡厅相融合,构成了一派独特的文化氛围。

“上海新天地”的旧房可以说是旧得代价高昂。在投入巨资改造后,房舍的成本价为每平方米20 000元人民币。为使修旧建旧保持原有风貌,从建筑档案馆中陈年百古的图纸中找出了当年由法国建筑师签名的图纸作为整旧如旧中的依据。石库门是上海文化的“化石”,它有着深深的历史烙印:19世纪中叶,租界内的中外开发商在住房的门框上采用厚实的花岗石,既坚固又显身份,其风格为中西合璧,称为“石库门”,成为上海近代史上一个独特的时代产物,向今天的人们诉说着昨天的历史。在建筑风格上保留了完整的老上海风情的同时,运用了最先进最时

① 资料来源:沈祖祥主编. 世界著名旅游策划实战案例. 河南人民出版社,2004:97.

尚的管理策划理念，将众多世界知名的餐饮、娱乐、时装等品牌引进了这上海老厢房中。在这里，有体现地中海文化的"露娜餐厅"、西班牙和意大利的西菜馆、日本的摇滚阿卡音乐厅、美国的西餐馆、法国的餐饮演出、名人俱乐部、石库门博物馆。在这中西文化大荟萃的旅游场所，中国文化和本土风情得以充分展示，中华文化商场出售的是手巧艺精的工匠们的工艺品、居家用品、旅游纪念品，完全是地道的中国味。石库门博物馆通过对老上海居家环境的再现，让已经不熟悉老上海的年轻人和外国人了解原汁原味的20世纪初上海人家的生活形态和上海的历史文化。

## 四、旅游商品文化

### （一）旅游商品的概念

旅游商品，通常指由旅游企业所生产的、能满足旅游者需要的产品或服务。从广义讲，旅游商品包括三种类型。

（1）旅游线路。这是旅行社组织向旅游者一次销售的商品。它的特点不是一件产品或一项服务，而是组合性的产品。包括组团旅游者旅游活动中食、宿、行、游、娱等综合服务。现在人们一般称之为旅游产品。

（2）由旅游企业所提供的、旅游者所享受的各种服务。这是一种无形的、非实物的旅游商品，一般又称为旅游服务。

（3）旅游者在旅游过程中所购买的实物商品，包括旅游用品、旅游纪念品、旅游工艺品、旅游食品和其他商品五大类。

从狭义来讲，旅游商品专指上述第三种情况，即旅游者在旅游过程中所购买的实物商品。国家标准《旅游服务基础术语》中提到的旅游商品，就是从狭义方面来理解的。

旅游商品是旅游六要素的一分子，在客源基本稳定，客源数既定的情况下，旅游者的吃、住、行、游四项花费相对固定，属于"有限消费"，而购物和娱乐两项却是不确定的，属于"无限消费"。所以，旅游商品的开发，其经济效益的潜力巨大，具有特别的意义。

### （二）旅游商品的文化内涵及开发

旅游商品的价值在于它的文化，我国是一个多民族的国家，各地的风土人情、传统工艺、土特产各有特色，传统工艺和土特产长期以来一直是我国旅游商品市场的主打产品。旅游商品，要富有民族风格、地方特色和科技水平，才是受欢迎的产品。

开发旅游商品的文化，可以抓三个环节。

1. 重在开发旅游商品的特质和内涵

旅游纪念品应该尽可能利用当地的特有材料，采用当地传统的工艺和风格，反映当地的文化形象和自然风光，比如三峡的卵石雕、南京的雨花石、苏州寒山寺的“枫桥夜泊”诗拓片、上海的东方明珠雕座等；旅游工艺品作为一个国家和民族几千年文化积累的物质反映，应该丰富多彩、个性突出，最能让旅游者感受到异地文化，寻求到美的愉悦。比如，苏州的刺绣、杭州的团扇、福建的漆器、洛阳的唐三彩、贵州的蜡染、北京的景泰蓝、天津的杨柳青年画，等等。这些深受欢迎、异彩纷呈的旅游商品正是由于其鲜明的个性和深厚的文化底蕴，得到旅游者的青睐的。

2. 重在旅游商品的制作

旅游商品的文化内涵，不仅体现在本身的内涵和特质上，也体现在商品的品种、包装、制作上。独特的创意、精美的制作、精致的包装，可以提升商品的文化品位。但是，当前在开发旅游商品文化中暴露出来的问题，恰恰是重仿造、轻研发、品种单调、制作粗糙、缺乏个性，因而激不起旅游者的购买欲望。比如苏州双面绣，刚刚开发出来时，以其精湛的工艺、独特的创意被视为国宝，引起轰动。但随之而来全国各地一哄而上争相仿效，粗制滥造，使得双面绣的声誉一落千丈。同样的问题，在唐三彩、兵马俑等工艺品的制作上都一再重现。

3. 重在旅游商品的营销

营销也是一种文化，是一种艺术。同样一种商品，是放在大商厦卖，还是放在杂货铺，还是摆地摊，对旅游者传递的信息，以及使旅游者产生的心理感受是不一样的。有的商品必须放在富丽堂皇的商厦专卖店卖，有的商品必须放在富有民俗特色的一条街卖，有的还必须让旅游者“屈尊”来淘地摊，这种不同的购物环境，可营造出不同的文化氛围，产生不同的文化效应，从而形成富有特色风味的旅游节目。比如苏州十全街上 100 多家个体商铺鳞次栉比，玉雕、牙雕、檀香木雕、景泰蓝、双面绣、文房四宝、宜兴陶器、入流和不入流的字画条幅，应有尽有，给姑苏城平添了许多历史感。上海的城隍庙、南京的夫子庙，一色的仿古建筑，里面是琳琅满目的地方土特产和民间小商品，成为沪、宁两地最富特色的旅游景点，旅游者以在这里买到的特色工艺品和纪念品而自豪，旅游商品也由此平添了文化含量。

## 第二节　旅游产品文化功能的可持续开发

### 一、可持续发展理论的提出

可持续发展是旅游发展的一个新的主题。所谓可持续发展，用最简洁的话语来表述，就是在满足当代人物质、精神的需求时，不损害我们的后代和我们同样享有各种资源的权利。

（一）可持续发展理论提出的背景

第二次世界大战结束以后，一方面随着资本主义世界经济的迅速发展，科学技术水平的提高，人类利用自然、改造自然的能力大大加强；另一方面人口剧增，需求增加，随之而来的是不少国家只注重经济效益，忽视生态效益和社会效益，把发展经济建立在无限制索取和无节制地消耗自然资源上。自然资源被过度消耗和长期处于超负荷状态，导致资源破坏、环境污染、生态系统恶性循环，引起人们极大的忧患和不安，迫使人们放弃任何"只顾今天"的哲学，重新考虑新的发展原则，走资源的永续利用的道路。

1972 年在瑞典斯德哥尔摩召开的联合国人类环境会议，提出"只有一个地球"的口号，要求经济发展与环境相协调。1980 年国际自然保护联盟制定了《世界自然保护大纲》，第一次明确提出"可持续发展"的概念并给予系统的阐述。

1983 年成立的世界环境发展委员会（WCED），于 1987 年 7 月提出《我们共同的未来》的报告，明确提出"可持续发展是满足需求的能力；既要达到发展经济的目的，又要保护人类赖以生存的大气、淡水、海洋、土地和森林等自然资源和环境，使子孙后代能够安居乐业，永续发展"。

1992 年，有 178 个国家 15 000 名代表参加的联合国环境与发展大会在巴西里约热内卢召开，会议通过了《21 世纪议程》，把可持续发展由概念和理论推向实际行动。中国政府参加了 1992 年的里约热内卢会议并签署了《21 世纪议程》。之后，于 1994 年率先制定《中国 21 世纪议程》，提出了中国可持续发展的总体战略。

（二）可持续发展理论的内涵

可持续发展理论提出了人口、环境、资源、技术、制度五个方面的协调统一，其中人口、环境、资源是三项核心要素。随着人们对可持续发展理论的认识不断深化，对资源的理解，由"自然资源"进一步扩展到"人文资源"；对环境的理解，也从"自然生态环境"扩展到"社会生态环境"，包括文化环境、经济环境和政策环境。因此，可持续发展的理论，由一开始关注环境生态问题，已经成为生态、社会和经济全方位的发展问题，它的含义扩大为：

自然生态的可持续：社会经济的发展要和自然生态的进程、生物的多样性以及生物资源的维护协调一致；

社会和文化生态的可持续：社会经济发展要有助于提高人们对其生活的控制能力，这一能力的提高要与人们的文化和价值观相协调；

经济的可持续：发展能取得经济效益，资源能得到有效管理。

## 二、旅游业和可持续发展

（一）旅游业走可持续发展道路的必要性

旅游业曾经被认为是不会产生污染的"无烟工业"，但是随着旅游业持续高速发展,旅游业迅速跃升为世界最大的产业之一,并带来可观的经济效益,许多地方受到利益动机的驱使,把旅游业发展简单看做数量型增长和外延的扩大再生产,因而在旅游业过热发展的同时,出现了对旅游资源的掠夺性开发、对旅游景区的粗放式管理、对旅游自然环境的污染和对旅游人文环境的破坏,并造成了严重的后果。旅游业发展的现状发人深思,旅游业发展的前景令人担忧。

可持续发展理论的提出同样促使人们对旅游业发展的道路重新进行审视。在《21世纪议程》中,前后七次直接提到了旅游业,强调在旅游业的发展中,要“有效使用经济手段与市场和其他鼓励措施”,将环境与发展问题纳入决策过程;要通过加强旅游业和发展生态旅游,管理脆弱的生态系统,促进林地、山区、农业、沿海和海洋区的资源保护及可持续发展;要促进教育、公众认识和培训,“提倡无害环境的休闲和旅游活动”。

(二)旅游业可持续发展的目标

旅游业发展必须走可持续发展的道路,这已经成为人们的共识。旅游业可持续发展的目标主要是:

(1)提高人们对旅游产生的经济效益和环境效应的认识,强化生态意识;

(2)在发展中维持公平,即提倡一种同代和代际平等的观念,不仅同代人之间公平,而且代际之间公平;不仅符合局部人口利益,而且符合全球人口利益;不仅考虑现在,而且还考虑未来;

(3)要重视提高当地居民的生活水平,通过旅游发展要有助于改善原住地居民生活质量;

(4)向旅游者提供高质量的旅游经历,给游客高质量的旅游感受;

(5)保护未来旅游开发所赖以生存的环境质量。

## 三、旅游产品的可持续开发

实施旅游产品的可持续开发,应该抓好以下几个环节。

(一)处理好资源的保护和开发、利用的关系

旅游资源是发展旅游业的基础,只有拥有丰富的、有特色的资源才能吸引旅游者,发展旅游业。但是,旅游资源和其他任何资源一样,不是一棵“常青藤”,不会“取之不尽,用之不竭”。许多自然生态环境有一个漫长的生长周期,比如原始森林、高原苔藓、山体溶洞、湿地滩涂,都是历经几百年、几千年漫长的岁月形成的,一旦破坏,难以恢复;而一些稀有的树种物种,许多人文胜迹,则是坏一处,少一处。因此,对旅游资源有一个保护、开发、利用的关系问题。这三者是一个辩证关系。开发和利用是为了满足当代人的物质和精神生活的需要,是当代人对现有资源的享用。保护既是着眼于关注后代人的权利,是为了资源的永续利用,也是从现实出发。“皮之不存,毛将焉附”,任何“杀鸡取卵”的无节制消耗资源、破坏环境,不仅祸

延子孙,也殃及当前。我们看到许多旅游景点景区由于缺乏应有的保护管理措施,环境恶化、生态破坏、景观消失,即使从"当代人"来讲,也已无法享受我们祖先传给他们的后代人的财富了。所以,虽然在一定的意义上讲,开发和利用也是一种保护的手段,但从根本上讲,"保护"是基础,是根本,旅游资源的开发利用,必须坚持"先保护,后开发"的原则。

保护的措施可包括:

(1)对没有把握、很可能会导致资源流失的项目,宁可暂时不开发,留待后人条件成熟时再开发。比如秦始皇陵、乾陵暂时不开掘;北京房山云居寺的辽金石经出土后又回埋,都是一种很必要的保护措施。

(2)景区景点的开发应该在规划的指导下,有序、规范、科学地进行。规划应对生态、环境,包括自然生态环境和文化生态环境、社会生态环境的保护提出科学的、审慎的、切实的保护原则和措施。

(3)对已经开发的资源,要把保护、管理措施切实跟上去,特别对于一些相对脆弱的景区景点,要科学计算承载力,切实控制游客流量。实行黄金周休假制度以来,尽管收到积极的经济效果,但是每个黄金周全国动辄数千万,甚至上亿人次旅游人流的涌动,许多旅游景区景点,特别像故宫、长城、九寨沟、泰山、峨眉山等著名景点游客简直是摩肩接踵,景区不胜负荷,超过极限地运行,这种状况一定要采取切实手段加以改变。

(4)在杜绝"掠夺性开发"、"滥开发"的同时,还要警惕"建设性破坏"、"修复性破坏",特别是对人文景观、景点,要防止因为无知而带来的灾难性的破坏。比如像水洗千年古迹、对名人故居"易地重建"、"修缮一新"一类的悲剧、闹剧不应重演。

**案例**

### 要不要揭开乾陵之谜?①

乾陵,位于陕西乾县城北的梁山上,是唐高宗李治和女皇帝武则天的合葬陵。墓因山为陵,气势雄伟壮观,拥有造型浑厚、生动有力的石人、石马、石狮、华表等唐代石刻艺术品和高耸的述圣记碑及无字碑等珍品。其周围还有17座陪葬墓。

男女皇帝合葬一墓,这在中国历史上尚属首例,在世界历史上也属罕见。更何况,时至今日,乾陵从未遭受过盗贼的破坏。于是乾陵被誉为比秦始皇陵还要辉煌的"世界第九奇迹",于是关于是否发掘乾陵的讨论也旷日持久地延续到今天,而争论的焦点则集中在"揭开条件是否成熟?"和"文物能否得到有效保护?"这两方面。

---

① 资料来源:马珂. 乾陵,世界第九奇迹. 中国旅游报. 2000-11-10.

抢救性发掘是保护乾陵的最有效手段

陕西省在送交国家文物局的《关于申请抢救性发掘唐乾陵的汇报提纲》中,提出了3个理由来证明"抢救性发掘是保护乾陵文物的最有效手段"。这3个理由归根结底就是一点,乾陵的山体属喀斯特地形,地质构造独特,流水经地表容易渗入,从而造成墓室内的环境恶化。如果再遇到地震,则后果不堪设想。

陕西省省长程安东在1999年6月中旬接受《南方周末》的记者采访时,对陕西主张发掘乾陵的说法作了如下解释:"我们的意思并不是马上就开发乾陵,我们希望国家组织一个专家小组来研究如何开发,总之要在保护条件下开发;第二,开发的性质是抢救性的,不是盲目的,更不是不负责任的。"同时,他认为那些称"如果文物在地下坏了,我们没有责任"的说法也是不负责任的。

陕西文物考古界的权威人士石兴邦认为,发掘条件是否成熟总是相对的,说什么条件都具备了是不现实的。但就乾陵而言,发掘技术和保护技术基本没有问题。他曾请教过一些科学家,如采用"穿孔摄像技术"进行真空式发掘是可行的。据有关资料介绍,这种技术在埃及和印度均多次被采用,证明对保护地下文物起到了有效作用。

除了对发掘技术表示乐观以外,陕西文物考古界普遍对自己的技术力量和保护经验有一定信心。秦俑馆名誉馆长袁仲一认为,兵马俑彩漆剥落问题已经研究了20年,其中与德国合作了10年,并获得突破。可以说,乾陵内的文物保存十几年应该没有问题,但最终结果还须继续观察。如今科学技术发展很快,将来必定会有新技术、新材料被应用到保护中去。陕西历史博物馆馆长周天游认为,目前陕西文物保护力量在全国首屈一指,如与意大利合作的西安文物保护研究中心,拥有世界最先进的文保设备。他还透露陕西有人已经研究出一种化学药剂,可以使唐墓壁画恢复原有的色彩,只是存在一个耐老实验的问题。

对乾陵不能进行主动发掘

国家文物局就陕西《关于申请抢救性发掘唐乾陵的汇报提纲》,向中国工程院的7位院士进行了咨询。国家文物局顾问、中国文物学会副会长谢辰生对"地震说"持反对意见:他认为,从目前乾陵陪葬墓的发掘来看,并不存在明显的地震影响,而《提纲》中也没有详细提供历史上乾陵受到地震影响的地质、水文资料及观测数据,缺乏作出科学决策的依据。此外,他还认为,如果为了发展旅游业而开发乾陵,显然与当前中央的文物方针有悖。文物是社会公益事业,旅游是现代产业,把公益事业产业化是错误的。

国家文物局部分专家则认为,正是因为要搞西部大开发,乾陵才不能挖,西部大开发不是以牺牲生态和文化遗产为代价的,尤其是陕西这样一个地上、地下文物密布的文物大省,开发建设施工前的地下文物探测任务本身就很重,一动土,肯定就有文物,怎么可以再进行主动发掘呢?北大考古系教授宿白明确表示,现在许多技术在世界上都属难题,如丝织品、木制品、纸制品的保护等,定陵出土的丝制品未能保护好就是一个教训。而那不过才400多年,乾陵有1 000多年,谁敢保证万无一失?对于使用化学药剂的问题,北京的文物保护专家王丹华指出,目前世界考古界均不主张在文物上附加任何东西,比如壁画表面多孔,喷涂的有机化学物质极易渗透,除非到了“非吃药不可的时候”。对此,国家文物局考古专家组组长黄景略在一篇文章中也谈道:“到目前为止,我还未看到陕西有关唐代壁画检验分析的科学报告……据我所知,目前发掘出的壁画没有一幅是保存好的……外国人也解决不了我们的问题,他们没有东西作研究,即使赞助了仪器,具体的保护工作也还得靠我们自己。”

(二)提倡开发和推行绿色旅游产品

绿色旅游产品,从本义上来讲是依托生态环境开发的旅游产品,比如森林旅游、农业旅游、滩涂旅游、海洋旅游等;有些即使依托的是恶劣的生态环境,比如像沙漠探险、激流溯源等,也可以归之于绿色旅游的范畴,从广义上讲,一切按照可持续发展要求开发的产品都可以称为绿色旅游。

开发和维持绿色旅游产品的含义是:

首先,开发旅游产品要符合生态保护原则。根据世界旅游组织的预测,生态旅游、文化旅游以及主题公园和专项旅游将是21世纪旅游的新潮流。开发绿色旅游产品正迎合这一潮流。但对于森林旅游、农业旅游、滩涂旅游、海洋旅游这一类传统的绿色生态旅游产品,也要重视适度开发、环境保护,不能由于超负荷的过度开发而造成环境生态的恶化或退化。

其次,要深化利用乡土资源和绿色资源。在崇尚“回归自然”的今天,适应城市旅游者的需求,在开发旅游产品时,要深化利用乡土资源和绿色资源,如开发吃农家饭、喝矿泉水、挖野菜等绿色食品。

最后,要减少生活性污染,扩大资源的循环利用,降低旅游环境的负面影响。现在提倡的绿色饭店,强调资源的节约利用,减少一次性用品的投放,尽可能采取循环周转利用和区分情况换洗等,都是符合绿色产品的原则的。

(三)从决策和管理上抓旅游产品的可持续开发

实施旅游可持续发展,政府的决策和宏观管理往往带有决定性意义。

旅游是一个综合性产业。政府主导,是我国旅游业发展的基本经验。事实上,由于地方主义和经济利益的驱动,为了追求所谓的“政绩”,在许多地方,政府和政府部门往往以一种短视的眼光来开发旅游资源达到拉动眼前经济的目的,而无视可持续发展。政府应该首先肩负起可持续发展的责任来,这包括:

在国家旅游发展总战略中,要明确可持续发展的战略意义,并作出相应的明确规定;

要健全旅游法规,从法律和政策的层面上对环境保护、资源永续利用等作出明确的责任认定；

要有控制、有计划地发展旅游业，在区域开发的决策和基础设施的投资开发方面要确立经济效益、社会效益和环境效益统一的原则，使旅游业发展和资源开发、环境承载、居民心理承受相协调；

要对公共部门和私人部门贯彻执行可持续发展的相关政策法令状况进行监督，采取各种预防措施，防止对景点和环境的破坏；

要调整政府部门职能，树立旅游管理权威，建立跨地区、跨行业、多方面合作、协调一致的旅游管理运行机制。

（四）要从提高全体国民素质抓起

现代旅游的基础特征，是旅游走进千百万普通人家庭，成为普通人的一种生活消费方式，成为当代社会生活质量高低的一种标志和尺度，但是，从另一个角度讲，也正是人的活动，造成了对生态和环境的破坏。说到底，旅游对环境的破坏，还是人的破坏。所以要实现旅游的可持续发展，必须从人抓起。旅游是关乎全民的事业，旅游和人人有关。实现旅游的可持续发展，也要从提高全体国民的素质做起，要加强对全体国民——包括旅游者、旅游经营管理者以及旅游地当地居民三方面——的教育，提高保护环境和生态的自觉性。

1. 可持续发展和旅游者有关

要使每个旅游者明确，高质量的旅游体验，来自于良好的旅游环境，包括自然环境、人文环境和社会环境，这个环境属于我们每一个人，也属于我们的后代，每个旅游者都有责任和义务来保护好这个环境。要通过各种手段，运用各种方式进行宣传教育，使旅游者树立起保护生态环境和尊重当地传统、习俗和规矩的自觉性。

2. 可持续发展和经营管理者有关

对旅游地的开发、建设、经营、管理，经营管理者负有直接的责任和义务。要在经营者中加强环保意识的教育，树立起对环境、生态保护的理念，建立环境和生态保护的相关责任和规章，选择不对社会、文化和环境有负面影响的旅游产品和服务，杜绝任何形式的破坏环境和生态的行为和活动。当地政府、旅游机构、行业协会组织在这方面负有特别重要的责任，要首先提高自身对可持续发展的认识，并鼓励旅游企业实行行业自律，对旅游从业人员进行教育和培训，负起环境保护的责任。

3. 可持续发展和旅游地的每一个居民有关

旅游业的发展，可以直接提高当地居民的经济水平和生活质量。当地居民要参加到旅游中来。提高当地居民的环境意识，是旅游可持续发展中的重要一环。要使当地居民了解旅游业发展的目标，提高他们对旅游可持续发展的认识。

**专论**

## 上海旧城改造和可持续发展[①]

改革开放20多年,特别是浦东开发开放以来,上海的城市面貌是“脱胎换骨”、“日新月异”。到2000年末进入新世纪时,上海不但可以自豪地说,上海人已告别了危棚简屋,率先进入小康,而且,黄浦江畔夜景璀璨,徐家汇商圈面目焕然,浦东新区令人刮目相看,金茂大厦、东方明珠电视塔分别雄踞亚洲第一高楼和中国第一高塔,上海大剧院、上海博物馆、上海图书馆等一批体现当代最新规划设计、最前卫建筑理念、最先进建筑水平的标志性建筑相继拔地而起。上海这个百年老城似乎一夜之间跨进了国际化大都市的门槛,一个充满活力的上海令全世界瞩目。

我们正在建设新上海,我们正在告别旧上海。但是,当我们盛赞上海日新月异、充满活力时,我们却发现,在1.2亿㎡新楼宇的背后,不仅仅拆掉了危棚简屋,也失去了另外的一些东西:

——失去了宽阔的天空,代之以满目排列成墙的、拥挤的楼宇;

——失去了错落有致的城市轮廓线,代之以鳞次栉比的天际;

——失去了富有情趣的弄里街肆,代之以整齐划一的街区;

——失去了富有特色的传统民居,代之以五光十色的新潮楼群;

——失去了融融的邻里氛围,代之以自我封闭的独立单元,等等。

所以,我们在告别过去、告别贫困时,也在失去城市固有的一些文化。这里既有反映社会进步、时代前进的“新陈代谢”、“吐故纳新”,但是不可否认,也有一些本来不该消失的东西消失了,有些不该出现的东西出现了,也有些本来应该进一步论证的东西,却没有深入论证,就急不可耐地登台亮相了。比如:

明确为上海市文物保护单位的1924~1925年上海大学旧址以及保护建筑陈炳谦住宅,被拆除了;

毛泽东1920年寓所和刘长胜故居,由于周围的建筑物被拆除得一无所剩,都成为孤零零的一幢房,全无当年的历史氛围;

可以看做“上海之根”的人民路、中华路环线之内的老城厢,经过拆、建、改、造四管齐下,已经完全看不到老上海的风韵;

一些富有特色且广有影响的景观街,虽有诸多不同意见的讨论,仍被作为“马路集市”安置入室而“一刀切”了;

在一些保护建筑周围,对相邻建筑物应该要控制高度和体量的,却肆无忌惮地矗起一栋超过一栋、又高又大的楼房,以致保护建筑的整体环境和景观效果严重受损。

诸如此类的例子不胜枚举。之所以会出现这种种缺憾,既有运作上的原因,为

---

① 姚昆遗.为上海旧城改造把脉.北京:北京规划建设,2004:11.

了服从宏观上的需要,有时难免要作出一些局部的牺牲;也有认识上的原因,有时候认识不能适应时代而受到局限;还有管理上的原因,管理失当、执法不严、规划失控、知法犯法、唯利是图等都有。但是最最重要的原因却不外乎两点:

第一,是观念问题。没有把传统文化看做是一种资源,是一种财富。现在,自然、环境、生态是一种资源,必须加以保护,这一点已经成为人们的共识;但是,毁掉一处历史建筑、文化遗存,人们却会因"旧区改造"而处之泰然、熟视无睹。这种观念如果产生在一定层次的领导者身上,后果更加严重。在他们看来,旧城改造,就是拆旧盖新,就是把成片的里弄房子一拆了之。事实上,历史建筑、文化遗存里蕴涵着丰富的历史意义、文化意义、社会意义,这是一份最可珍贵的财富,它是我们的先辈传给我们的,它们不仅属于我们,也属于我们的后代。

第二,是价值观问题。价值观也是一种观念。文化是明天的经济。本来,历史建筑也好,旧城区也好,作为一种社会文化资源,本身就蕴涵着深厚的价值,包括经济价值。在周庄、乌镇等江南水乡,以及在国外的许多历史文化名城,都令人信服地得到了证明,只不过在我们这个大都市里,历史、文化和社会的价值更容易被经济的"活力"所掩盖。过于急功近利的价值观,把土地批租、发展房产当做拉动经济的最直接、最简单的手段,把新楼、高楼看做是自己"政绩"的丰碑。于是,为了今天的"经济"而不惜牺牲昨天的文化,当然也就更"顾不上"为了明天的经济来保护今天的文化了。

由于思想上没有文化的观念,行为上追求急功近利的效果,旧城改造中出现的一些偏差和失误,也就成为不可避免的了。当年北京城大拆城墙,源于此;定海古城毁于一旦,也源于此;上海的旧城改造中曾经存在过的那些缺憾和偏差,究其根,还是源于此。

应该说,近年来政府有关部门已经充分重视这个问题,并采取相关措施,努力使经济发展与文化建设同步,努力在旧城改造中保护和发扬传统文化,文化观念、文化意识正在不断深入人心,并转化到经济建设中去。都市文化作为上海这样一个国际化大都市的灵魂,越来越受到从上到下各阶层各部门的关注。

现在在进入新一轮的旧城改造的时候,我们应该把城市建设中的文化传统的发掘和保护放到更加重要的地位,切实把旧城改造纳入到城市可持续发展的大范畴中去。

1. 进一步认识可持续发展的深刻意义,牢固树立可持续发展的观念。我们经常讲,我们已经进入了一个必须强调可持续发展的时代。自从1972年联合国《人类环境宣言》提出了生态环境保护的问题,1995年世界旅游组织通过的《可持续旅游发展宪章》和《可持续旅游发展行动计划》强调旅游业发展对历史文化资源的依赖以及对社会文化促进的一面,提出了旅游与自然、文化和人类生存环境的整体性,明确把可持续发展的理念扩展到社会文化环境中。人类的生存环境不仅仅是自然环境、生态环境，还包括社会文化环境，所以可持续发展不应该局限于生态环境的利用和保护，而应该是自然环境、生态环境和社会文化环境的综合和统一。我们不但要注重保护好自然环境和生态环境，而且还要注重保护好社会文化环境，让祖先留给我们的这一份传统文化遗产，不但满足我们当代人的需求，也不危及后代人的需求发展。

2. 旧城改造是城市建设的题中应有之义。但是要从根本上转变“旧城改造”等同于一拆一建的旧观念。事实上旧城改造既包含消除危棚简屋、建设崭新家园的一面，也包含凸显旧城的往日风采、延展旧城传统魅力、融入现代大都市的一面。每个时代都有自己的文化，每个地区都有自己的传统，这种文化与传统融入生活的各个领域，有的在时间长河中湮没了，有的却经受了时间的磨炼而定格下来，并且陈陈相因，成为一个地区的“文脉”。建筑就是城市的文脉之一。上海的石库门，和北京的四合院、青岛的绿树红瓦、苏州的私家园林等一样，都是当地文化的一种积淀。在旧城改造的过程中，我们没有任何理由切断自己母亲城的文脉，而应该珍视这一份传统，让它和新时代的脉搏一起跳动。

3. 旧城改造中实施可持续发展，有几个原则应该得到强调。

突出传统文化的原则。“越是民族的，才越是世界的。”“文化的精髓在于它的独特性。”建设国际化大都市和保持传统文化，不但不是相悖的，而且正因为上海要在世界城市之林确立自己的地位，更必须突出上海自身的传统文化形象，延伸上海自己的文脉。那种以为我们可以丢掉传统文化，简单移植西洋文化，建设什么英国城、法国城、意大利城的做法，看起来是在搞国际化，实际上恰恰是缺乏文化的表现，很难会有好的成效。外国友人说得好：我们到中国来，就是为的看中国；到上海，就是为的看上海。

“拆破房、不拆旧房”的原则。除旧布新是城市建设永恒的主题。对于那些危棚简屋，直接影响到人民居住环境的，无疑必须拆掉。但拆的必须只应是危房、破房，而不应该把旧房也不加区别地一概拆掉。旧房中有文化，它反映出来的是一种人文环境。在上海传统民居正在走向湮没的今天，老城厢的保护，尤其显得重要。对一些能够反映传统文化的街区，建筑物外观按原样整修，内部加建厨房、卫生间等设施，按现代理念改造，甚至街面都保持古旧风貌而在周围修建环路，这同样也是一种旧城改造，而且是更高层次的改造。

成片保留的原则。作为一种文化的载体，建筑是时代的纪念碑。任何建筑都要有一定的空间，形成一种氛围。离开了特定的环境，没有适当的氛围，也就失去了它的历史文化内涵。不能设想没有故宫整体构架，单幢太和殿还有多少皇家威严；也不能设想没有香榭丽舍大街的凯旋门，能够体现巴黎的辉煌。必须成片地保留整个街区，连同保留当地居民的生活习俗，才能留住历史、留住文化。

# 第三节　现代旅游规划中的文化

## 一、旅游规划的概念

(一)旅游规划的定义

旅游规划是对旅游资源进行的优化配置、对旅游产业合理发展进行的结构性筹划。它通过对自然旅游资源、社会文化旅游资源、公共投资、环境和市场、技术和人力资源、服务设施、基础设施、信息和宣传设施等旅游产业要素及相关社会经济资源的优化配置,控制旅游产业发展的基本趋势、规定旅游产业发展的基本框架、明确旅游产业发展的战略重点,使旅游业获得积极的、科学合理的、持续稳定的发展。①

旅游规划的过程,既是经济活动又是文化、社会活动,它对旅游经营和管理中的特定阶段作出计划、安排,以实现该阶段的经营、管理和发展目标。旅游规划是旅游开发和经营活动的重要指导,因此,在编制旅游规划时必须充分研究旅游活动的社会特征,旅游需求的发展变化,旅游者的消费行为和心理特征,旅游资源的基本属性和特点,旅游产品设计在针对性、独特性和吸引力等方面的要求,也就是说旅游规划的编制必须充分考虑到旅游产品的开发、推广所涉及的社会经济文化内容,以及旅游主体的旅游消费行为的社会经济文化特征。

旅游规划包括旅游发展规划和旅游区规划两大类。

旅游发展规划是根据旅游业的历史、现状和市场要素的变化所制定的目标体系,以及为实现目标体系在特定的发展条件下对旅游发展的要素所作的安排。

旅游区规划是为了保护、开发、利用和经营管理旅游区,使其发挥多种功能和作用而进行的各项旅游要素的统筹部署和具体安排。

(二)旅游规划的内容

国家旅游局于2003年5月提出的《旅游规划通则》对旅游规划应包含的主要内容提出了具体的要求。

1. 旅游发展规划的主要内容

对规划区旅游业发展的历史和现状的分析;

对规划区旅游客源市场的全面分析和预测;

提出规划区的旅游主题形象和发展目标;

提出规划区的旅游业的发展目标;

提出规划区的旅游业发展的要素结构和空间布局;

① 国家旅游局人事劳动教育司.旅游规划原理.旅游教育出版社,1999:36.

提出规划区旅游产品开发的方向、特色、主要内容及重点项目；

提出规划实施的总体投资分析；

提出实施的保障措施以及可持续发展的合理措施。

2. 旅游区总体规划的主要内容

对旅游区的现状调查，对旅游资源的分析和评价；

确定旅游区的性质和主题形象；

对旅游区的客流市场的分析和预测；

提出旅游区的功能分区、土地利用和旅游容量；

对旅游区的景观系统和绿地系统总体布局；

对旅游区的交通系统、基础设施、服务设施、防灾系统、安全系统、环境卫生系统进行布局；

确定旅游区的资源保护范围和保护措施；

对旅游区总体规划提出分期实施步骤，并对近期重点项目进行策划；

对旅游区开发建设进行总体投资分析。

（三）旅游策划

旅游策划是运用科学的分析方法，分析旅游市场和旅游经营的各相关要素，设计出针对实际情况的、科学的、可行的方案和计划，以实现旅游经营的具体目标；并在实现目标的过程中，使效益和价值最大化。

旅游策划包括形象策划、旅游项目策划、产品策划等类型，其中：

（1）形象策划包括旅游企业形象策划，旅游目的地形象策划。

（2）项目策划，包括景点营销策划，旅游活动策划等。

（3）产品策划包括旅游线路策划，旅游活动的组织策划，等等。

与规划相比，旅游策划更具体，更有针对性。旅游策划越来越成为旅游经营中的重要环节，它使旅游经营活动更具有科学性和计划性，也更具有明确的目标。

进行旅游策划工作必须充分认识、客观评价、准确把握旅游目的地的旅游资源、文化历史特性、地缘特征、产品风格价值以及目标市场的需求特征和消费特征。

## 二、旅游规划的现状

旅游规划作为社会经济发展规划的一部分，是随着旅游产业的发展、旅游成为重要的经济产业、旅游业成为重要的经济部门而提出来的。20 世纪 50 年代中后期在欧美一些旅游业发达的国家和地区，在其区域社会经济规划中都开始涉及旅游业。到 20 世纪 60 年代后，法国、英国、马来西亚、斐济、加拿大、澳大利亚、美国等国家以及我国台湾地区都陆续对本地区旅游产业发展提出正式的旅游规划。

随着我国改革开放基本国策的确立，中国旅游业开始大发展。1986 年旅游业被正式确认为产业部门列入国民经济发展计划，并制定了我国第一个旅游发展规划。从此各种类型的旅游规划,包括风景名胜区规划、国家森林公园规划、旅游城市规划等相继制定推出。许多旅游资源丰富、旅游产业发达的省区、城市、景区景点也陆续把旅游规划的制定提上议事日程。旅游规划成为旅游业大发展中的一个热点。但是,由于我国的旅游开发是从观光型初级产品开始,因此早期的旅游规划较多带有资源导向的特点,偏重于硬件建设的规划,而对旅游地的定位、目标市场的确定、市场需求的预测以及旅游产业的影响等一系列旅游业的重要要素认识不足、重视不够,也缺乏完整的理论体系、成熟的操作体系和严密的实施监管体系。20 世纪 90 年代后期随着旅游业的进一步发展,旅游业发展中一些深层次的负面因素开始初露端倪,引起了政府、业界、专家学者的关注,一些新的旅游观念被引入,旅游景观规划设计、生态旅游规划、旅游营销规划、概念性旅游规划等新形式的出现,旅游规划开始转向以资源和市场为基础,以产品为导向,更加重视市场分析、重视旅游业的环境效应、社会效应以及发展旅游业对原住地居民的影响。

1999 年 3 月,国家旅游局颁布了《旅游发展规划管理暂行办法》,2000 年 11 月 22 日又颁布了《旅游规划设计单位资质认定暂行办法》。这两个《办法》的推出意味着旅游规划行为迈向了规范化、法制化和科学化的历程。2003 年 5 月,国家旅游局提出《旅游规划通则》,尤其是中央关于"科学发展观"的提出,旅游规划开始走入科学、有序、规范的良性发展阶段。

### 三、旅游规划实践中对文化的把握

旅游是一种眼球经济,体验经济。旅游规划的主要目的,是根据市场需求,通过对静态的旅游资源加以挖掘、开发、整合,提升旅游地的文化内涵和品位,塑造旅游地独特的文化形象,策划文化内涵丰富的旅游产品,满足旅游者的物质和精神文化需求。21 世纪旅游市场的竞争,旅游客源的争夺,旅游目的地间的竞争,首先是文化的竞争。发展旅游需要从文化这个古今兼容、内涵丰富、动静结合的宝库中挖掘能够吸引现代旅游者的要素,在地区的文化资源中突现最有个性、最有特色、最能吸引旅游者眼球的要素,开发出能让旅游者有看头、有说头、有听头、有玩头的特色旅游产品,向旅游者提供有独特体验、有新鲜感受的旅游服务。旅游规划只有充分挖掘了本地本景区的文化内涵,展现其文化特色,提高其文化品位,才能吸引旅游者,给旅游业带来蓬勃生机和持久生命力。

旅游规划中对文化的把握,应该抓住几个节点。

#### (一)重视旅游目的地文化形象的定位和塑造

旅游目的地无论是旅游区还是旅游城市,能否吸引旅游者,首先在于是否有鲜明的、有吸引力的文化形象。旅游规划就是要通过挖掘本地的文化内涵,结合现代旅游者文化的需求、审美情趣,塑造一个特色鲜明而又富有文化品位的旅游形象,并以这个形象统帅其旅游相关要素,提高知名度。杭州定位山水城市,苏州建设园林城市,江苏周庄打造江南水乡古镇,都是抓住了自身最具特色的文化特质,因而树起了鲜明的形象。四川都江堰市做足都江堰水利工程的文章,提出打造东方水都的形象定位,也是很有文化个性的。上海根据自身的城市功能定位和资源特点,以都市旅游作为自己的旅游业发展的定位,成都则以本地社会环境、民风民俗以及资源特点提出了"打造中国休闲之都"的想法,都是围绕文化,树立起来的旅游形象和城市形象。

(二)重视文化旅游产品的开发

在旅游规划中,确定了文化形象,就应该根据这个形象来设计打造旅游产品。要充分挖掘本地区历史的、地方的、民间的文化要素,结合现代的、国际的、主流的展示方式,开发出适合一般旅游者需求的产品。"越是民族的,才越是世界的。"一方面,规划要对各种旅游产品整合、改造,注入文化元素,充分体现民族特点、地方特点、传统特点;另一方面要开发具有鲜明个性和独特风格的文化旅游产品。文化旅游产品应该是生动的、活泼的、立体的、活生生的,要把各种传统的文化产品从静态的、历史的、观赏型的、单纯教育的对象转变为动态的、现代的、体验型的生动的对象,这样才能真正发挥其效应。

(三)重视其他各类旅游要素中文化内涵的挖掘

旅游作为一个综合性、边缘性的产业,吃住行游购娱涉及各个相关行业,旅游业的发展需要各行各业的支撑,旅游业的效益也体现在各行各业之中。规划开发旅游业,不能就旅游谈旅游,要把各种旅游元素综合考虑,把文化渗透、融合进旅游地的营销、设施、环境、服务等各个环节以及商务、会展、休闲、度假等各类旅游产品中去,从而大到景区(点)的综合开发,小到服务人员的个人素质,都充分体现本地文化的格调和特色。只有这样,才能真正把旅游产业促上去。

**案例**

**武当山风景名胜区总体规划(修编)对文化主题的定位①**

综合武当山历史人文资源的特点,归纳武当山风景名胜区的文化主题,我们认为可以表述为:

仙山琼阁,武当福地

这个主题的具体内涵是:

①"仙山"、"琼阁"、"福地",从字面上看都是道教用语,"仙山琼阁,武当福地"这八个字给人的总体感觉,具有相当浓郁的道教色彩,这符合武当山已经树立的"道教第一名山"的地位和人们心目中的传统印象。这是一个品牌,是不可能抹杀也不应该抹杀的,不应该给武当山另起炉灶完全全新装扮。

---

① 资料来源:《武当山风景名胜区总体规划(修编)》。

②“仙山”,不仅是说道教名山,更是指武当山山灵水秀、美妙的自然风景。但是,对于武当山这一国家重点风景名胜区和我国著名的游览胜地,应予以全新的诠释。在武当山以往的宣传中,纵使提到了“天人合一”,往往强调的是道教理念,是人文的一面,而弱化了自然的一面。武当山秀丽的自然风光,同样蕴涵着巨大的旅游价值,应该是武当资源中极可宝贵的一部分,应该大书一笔。

③“琼阁”,固然是实指道教建筑,但也是泛指武当山古建筑群。武当古建筑,一山四“国宝(保)”。在武当山风景名胜区的文化主题中,要从单纯的宗教建筑升华到民族传统文化精粹的高度,突出武当建筑是中华传统文化瑰宝,是世界文化遗产。

④“福地”也已经跳出道教“洞天福地”特指含义,浸润着的是民俗民间文化。祈福,更多的是一种普遍的传统心理、民俗文化。武当山,绝不仅仅是宗教朝拜地,作为一个传统的“福地”,同样迎合旅游者的心理需求。

总之,要用浓墨重彩给武当山的文化主题定位以全面渲染、全新诠释,既要立足于道教的宗教文化,又要跳出单纯的宗教文化,使武当山风景名胜区传统的文化包容更丰富的内涵,更符合武当山的实际,更迎合新时代旅游者物质生活和精神生活的需求。

**思考与练习**

1. 什么是旅游产品?举例说明如何设计最佳的旅游产品组合。
2. 举例说明如何在传统的观光型旅游产品中挖掘文化内涵。
3. 举例说明如何根据不同市场需求开发不同的休闲度假旅游产品。
4. 举例说明文化旅游产品的特质,如何开发文化旅游产品?
5. 举例说明如何提炼旅游产品的文化主题。
6. 举例说明如何开发旅游商品的文化内涵。
7. 简述可持续发展理论。旅游产品开发如何走可持续发展道路?
8. 举例说明在旅游规划中如何把握文化。

# 第五章

# 旅游环境文化

**本章导读**

什么是旅游？以地理为横坐标，以历史为纵坐标，它的交叉点就是旅游。作为旅游载体的地理，应该包括地域环境、人文环境、社会环境和生态环境四个方面。环境对旅游者和旅游行为的发生都会产生多方面的影响，旅游对环境也会发生积极的和消极的（负面的）影响。无论讨论影响旅游发生的内在因素还是旅游业的可持续发展，环境因素都是亟待重视的问题。

## 第一节 环境文化对旅游的影响

### 一、环境文化的概念

（一）环境文化既包括人和自然的关系，也包括人与人的关系

旅游是人类的一种跨地域、跨文化的活动。由于不同的地域存在着文化的差异，所以作为一种精神生活的追求，人们就产生了通过旅游去了解、感受、体验这种差异的欲望；而在旅游的过程中，各种文化发生碰撞，又不可避免地对不同地域的文化产生各种影响，包括积极的影响和消极的影响。

环境文化的差异源自人类发展的过程中，由于地理、自然条件、社会结构和心理积淀等因素的影响和作用，在不同的地区逐渐形成带有明显自身特点的文化体系。环境文化的差异既从自然地理环境中表现出来，也从社会人文环境中表现出来。地理是文化的载体，从形式来看，地理环境主要指地貌、生态等自然环境，它不但提供了人类活动的舞台，也提供了人类生存的各种物质基础和条件，而其背后更深层的是人和自然的关系。人类的生存和活动，不可避免地产生人和自然环境的密切联系和相互作用。北极爱斯基摩人的雪橇爬犁，夏威夷岛民的草裙舞，蒙古草原上随马背而迁的蒙古包以及云南傣族的竹楼，黄土高原的梯田、窑洞，吐鲁番的葡萄、坎儿井，都是植根于当地地理环境的地域文化的外在表现。

人类的生活不但要适应自然环境，处理人和自然的关系，还要处理人和人之间

的关系,由此形成不同的文化习惯、价值观念、社会意识、宗教信仰、心理需求。东方人和西方人,基督教徒和伊斯兰教徒,不仅仅是生活环境不同、生活习惯不同,而且文化传统、民族性格、社会结构都呈现巨大的差异,在历史古迹、名人故居、民族风情、宗教民俗、城乡风光、佳肴小吃等方面,呈现出各自独特的魅力。

(二)环境文化的差异构成旅游的基本动因

地理环境、人文环境、社会环境共同构成纷繁多彩的地域文化。这种地域文化的差异构成人们外出旅游的最基本的动因。但是,在形成旅游动机时,有两种基本的现象,值得我们重视,一是建立在同一文化圈基础上的流动,在同一文化圈内,地理上的近便,文化上的认同,感情上的亲近,使得世界旅游的潮流出现近距离多、远距离少的基本特点;二是建立在跨文化基础上的流动。文化的差异性,人们求新求奇、感受不同文化背景的需求是推动旅游的最直接动力。

讨论环境文化对旅游和旅游者的影响,不仅要着眼于旅游者的自身居住地区(旅游客源地),也要充分重视旅游接待地(从旅游者角度来说,就是旅游目的地);不仅关注对旅游者的影响,也要充分顾及对旅游接待地区原住民的影响。

## 二、旅游客源地的环境文化影响

旅游客源地的环境文化,主要指旅游者自身居住地区的人文环境和社会环境,它的直接影响主要体现在对旅游者旅游方式、旅游动机和旅游行为的影响,间接影响则是影响到旅游接待地的社会经济文化。

(一)对旅游者旅游方式的影响

每个人都是生活在一定的社会文化环境中的,同一个地域的人会因社会文化环境相同产生相近的审美眼光和相类似的思维特征以及行为方式,从而形成某种共同的旅游行为,产生各种社会影响。在东方的旅游者和西方的旅游者中作些比较,我们可以发现两类旅游者存在着一些比较明显的差异,比如东方的旅游者更钟情于名山秀水、秀丽风光,西方的旅游者则对人文艺术、历史文物更加迷恋;东方的旅游者大多习惯于闲适的观光游览,而西方有很多旅游者(甚至不光限于青年人)对冒险性的旅游、对恶劣自然环境的磨炼则情有独钟。中国的文化传统历来主张“天人合一”的精神,重视旅游主体和旅游客体的统一,要求人与自然、人与社会以及自身的和谐,这种文化影响使得中国的旅游者在出游时很自然地就习惯于静态的观赏游览,静心地体味“天地的精华”;而西方的一些旅游者崇尚探险、推崇磨炼,这也是地域文化传统潜移默化影响的结果。

(二)对旅游者旅游动机的影响

旅游动机是推动旅游者进行旅游活动的内在驱动力,笼统地讲,它主要来自人们求新、求奇、求知、求乐、求美、求健、修身、养性、交友、寻根的需要。中外旅游学者都十分重视对旅游动机的研究,提出了不下数十种能促使人们外出旅游的动机。

归纳起来可以概括为：

(1)健康动机，主要为了调节身心健康、消除疲劳、放松精神，形式有休闲、度假、疗养、娱乐等；

(2)精神动机，主要为了开阔眼界、陶冶性情、增长知识，形式有观光、采风、探险、游学等；现在的寻根、探亲、访祖、朝圣等文化或宗教方面的旅游也可归入这一类，也有人称为“文化动机”；

(3)社交动机，主要借旅游环境营造社交机会，如新老朋友结伴旅游，单位组织联谊活动等；

(4)经济动机，带有一定经济成分的旅游活动，如商务、会展、公务、奖励旅游等，也有些借助旅游机会提高或扩大个人影响、关心个人的成就和个人发展的需要的活动，如学术交流、考察研究等。

旅游动机既受到人们各种主观因素的影响，也受到地域文化的影响。主要包括受教育程度、生活方式、心理性格、居住环境、职业等方面；另外，旅游目的地与旅游者客源地之间的地域文化差异，又会成为产生旅游动机的诱导因素，影响到人们出游的欲望以及对旅游地和旅游方式的选择。

(三)对旅游者旅游行为的影响

旅游者旅游行为也受到旅游客源地文化形态的影响。虽然，旅游者的行为在很大程度上取决于旅游者个人的性格、心理、品质，但是个人行为不可能不受到整体社会人文环境的影响，也就是说，旅游者的个人行为一定程度上反映出整体国民素质。新加坡的旅游者的旅游行为在世界各地都留下良好口碑，这是和新加坡对国民素质的提倡和教育分不开的。从新加坡国内重点整治不文明、不卫生现象，大力营造法治文明环境，就可以看出环境文化对其国民旅游行为所起到的积极效应。

中国是一个礼仪之邦。几千年历史文明传统铸就了中华民族讲文明礼仪的优良传统，但是“文革”对中国千百年来形成的传统文明的颠覆，商品经济的大潮对传统思想的冲击，以至从观念、思想、教育诸方面对人的行为都造成了巨大的负面影响。据一些媒体披露，2008 年中国的出境旅游人数已经达到 4 584 万人次，这个数字固然在国际旅游市场上受到相当的关注和欢迎，但是，中国旅游者中个别人一些不遵守公共秩序和不良卫生习惯的个人行为，在许多地方受到批评，比如，在公共场合旁若无人地大声喧哗、乱穿马路乱插档、自助服务中要聪明、公共场合或客房里随意抽烟、不尊重“一米线”、在展览场馆中无视“不得拍照摄像”的规定，等等。① 这些行为不能不说和我们许多旅游者自身生活环境中养成的不良习惯有关。诸如此类的不良旅游行为在国内旅游中更是屡见不鲜。《北京青年报》报道，北京八达岭长城的墙体上包括城墙两侧的内表面和垛口，已经被旅游者密密麻麻的刻字所

① 资料来源：新民晚报. 2005 - 08 - 02.

覆盖,书名字的、记留念的、表决心的、示爱意的,简直就像一块留言板,而且刻写方法有刀刻的、有油漆的、有喷涂的,用“体无完肤”、“遍体鳞伤”八个字来形容今天的长城,丝毫也不为过。据称,这些刻字现在正逐渐向北京周边的野长城蔓延。这种乱涂乱写的现象,几乎已经成为我国所有景区景点的“通病”。此外,一些旅游者坐客车脱鞋吸烟,住宾馆用床单擦鞋,旅游点乱扔垃圾,逛名胜乱闯“禁区”等,比比皆是。良好的旅游行为是长期的生活习惯使然,而旅游客源地的环境文化,直接影响旅游者良好生活习惯的形成,所以培养文明的旅游行为,营造良好的旅游大环境,要从提高全民族的精神文明程度、提高全民族的国民素质做起。

### (四)对旅游接待地社会文化的影响

#### 1. 旅游者和旅游接待地文化的双向交流

旅游是一种跨文化的传播活动。作为一个旅游者,他们既是文化的承载者,也是文化的传播者;既是信息的接受者,又是信息的发出者。他们在自己原有精神文化的基础上,接触新事物,接受新信息,达到更新知识的目的;同时又把本地文化的信息向旅游接待地传输,影响旅游接待地的发展。所以,旅游者和旅游接待地的关系体现在两个层面上。平时我们看到比较多的是旅游者通过旅游,体验和感受不同文化背景的生活方式,得到对当地文化的认知、体验,并用以对自己经历和旅游地民俗风情的转述、回忆,“带回了文化”。无论是中国古代旅游家法显的《佛国记》、玄奘的《大唐西域记》、徐宏祖的《徐霞客游记》,还是意大利旅行家马可·波罗的《马可·波罗游记》、阿拉伯旅行家伊本·白图泰的旅游见闻录《旅行者的快乐》,都是一种对旅游接待地文化的宣传,把旅游接待地的文化带回到自己原来生活的文化环境中。但还有另一个层面,即旅游者对旅游接待地社会文化的影响。旅游者来自不同种族、民族、国家和地区,具有不同文化背景。在前往异地游览观光时,每个旅游者都带着他自身的文化底蕴,在不同文化背景的空间旅游,把他自己国家和地区即客源地的语言、服饰、行为方式、思想观念等一系列可见和不可见的文化元素带到异地他乡,不可避免地对当地文化产生影响。

在旅游接待地这个文化交会的特定的舞台上,主客双方的接触和相互作用是不平衡的。一般而言,旅游者与接待地居民的接触是短暂的,而且与当地居民的接触沟通,又会因语言障碍、接待地社会结构和旅游日程设计安排等受到限制。但对于接待地居民而言,他们接待的是纷至沓来的不同的旅游者群体,这种接触是长期不断的,细水长流的,影响是潜移默化的。所以,尽管说旅游活动中的文化扩散是双向的,但一般地讲,旅游者给接待地带来的影响比他们所受到的接待地社会文化的影响要大得多。

在一些地理相对闭塞、经济相对不发达、社会文化相对不开放的国家和地区,这种影响会更加突出。旅游业的发展和旅游者的跨文化传播行为,一方面,通过人与人(旅游者与当地居民、旅游者与旅游者)之间的直接交往和非自愿的、纯粹民间的交流活动，打开了接待地抬头看外界的窗户，促进其对外文化交流，促使其对外开放；另一方面，还会影响接待地对自身地方文化的认同感。旅游接待地的人们（居民以及为旅游者服务的旅游从业人员）在与外来旅游者的交往活动中开始发现，那些曾经朝夕相处、看惯不怪的青山绿水，竟然会令这么多游客千里迢迢而来，因而对当地自然和文化的景观价值有了新的认知，并形成新的认同感，促使当地居民重新认识和定位自己长期以来所赖以生存的这块土地。

2. 旅游客源地对旅游接待地的环境影响

旅游客源地的环境文化通过旅游者的活动间接影响到旅游接待地的社会经济文化。旅游客源地和旅游接待地之间的相互关系，按其各不相同的社会经济发展水平和程度，大致有三种情况。

第一种情况，客源地的社会经济发展水平高于接待地的社会经济发展水平。比如，城市客源地的旅游者到经济欠发达、环境较优美的山区农村，或者经济发达的国家和地区的旅游者到发展中国家和地区，形成一种客源地的强势文化向接待地的弱势文化的传递和影响，这种传递和影响的结果，使接待地的文化自觉不自觉地削弱和异化。

第二种情况，客源地的社会经济发展水平低于接待地的社会经济发展水平。比如，来自农村的旅游者到都市旅游，中西部地区的旅游者到东部沿海经济发达地区旅游，这种旅游的过程，非但不是客源地的文化形态向接待地传递和影响，反而是客源地的旅游者通过旅游，接受接待地强势文化的影响，在回到自己原住地以后影响到客源地的文化形态。

第三种情况，旅游客源地的经济发展水平和文化表征和接待地相似或相近，两种文化处于调和的状况，旅游者既对接待地的文化造成影响，也把接待地的文化形态带回到原住地，影响到此后的文化行为。

所以，在旅游过程中，社会文化形态的相互影响，重要的不在于客源地的社会文化形态影响接待地的社会文化形态，还是接待地的社会文化形态影响客源地的社会文化形态，重要的在于是社会经济相对发达地区的强势文化形态影响社会经济相对不发达地区的弱势文化形态。这种影响既有积极的一面，也有消极的一面。积极的一面是把先进的、优秀的文化形态、生活方式带到相对落后地区，促使经济不发达地区的繁荣发展；而消极的一面则是带来环境的恶化、本土文化的异化。

## 三、旅游接待地的环境文化影响

在旅游过程中，旅游接待地并不像许多人认为的仅仅是处于消极被动的被影响地位，旅游接待地的环境文化不仅受到外来旅游者的影响，同样也会对旅游者产生直接的或间接的、积极的或消极的影响。

（一）对于旅游者的影响

旅游接待地的文化形态，包括优美怡人的自然风景、别具一格的民俗风情、异质的精神观念,对于旅游者会是一种全新的体验和感受,而这种体验和感受正是旅游者希望通过旅游来获取的生活方式的暂时转换、精神生活的享受和文化背景的体验。

(二)对于客源地的影响

当接待地处于强势文化形态时,接待地的先进文化理念、时尚的生活方式和丰富的信息都会给旅游者留下强烈的印象,并通过旅游者对客源地产生久远的影响。改革开放以来,国内许多人以旅游的形式到国外考察,开阔眼界,打开思路,学习先进的管理和技术,直接推动了我国经济改革;同样,深圳特区的改革开放,浦东的开发,东部14个沿海城市的开放,这些地区作为改革开放的先行试点先走一步以后,吸引了其他省区特别是中西部地区的广泛的观光考察,东部地区改革开放的典型示范作用也通过这些考察而得以进一步传播和发扬光大。

(三)接待地的环境文化受到旅游者的影响

接待地的环境文化在接待广大旅游者的过程中,本身也受到积极或消极的影响,旅游者带来时新的观念、丰富的信息,促进了接待地的经济发展和文化更新,但旅游者的大量涌入,也会直接恶化生态环境,异化人文环境。

## 第二节　旅游对环境文化的影响

### 一、旅游对自然生态环境的影响

(一)旅游业发展对自然生态环境保护的积极作用

(1)旅游业的发展,促进了经济的繁荣发展,地方有更大的财力关注和投入生态环境的保护和改善。事实上,许多地方的风景区,长期以来处于萧条破败的状况,其原因,一方面是当地对风景区的价值、对环境保护的重要性没有足够认识,没有把保护环境提上议事日程,但也有一个不容回避的实际原因,就是当地缺乏足够的财力来保护环境。旅游业的发展,带动地方经济的发展,使地方拥有一定财力投入到环境保护方面,在一定程度上起到了"取之于民,用之于民"、"以景养景"的良性循环。

(2)旅游业的发展需要有一个良好的自然生态环境。只有改善和优化环境,才能吸引旅游者的到来。因此,环境保护和旅游业发展之间的"皮"和"毛"的关系、"皮之不存,毛将焉附"的观念正在越来越多的有识之士中形成共识。旅游业的发展促使人们更加关注生态环境的保护,包括在规划和开发旅游产品时,作出必要的环境保护规划。所以把发展旅游业和自然生态环境保护放在水火不相容的完全对立的地位的看法是片面的。事实上,通过发展旅游业,收到环境保护的良好效应,旅游发展和环境保护两者双赢的事例并不鲜见。比如,解放以后,半个世纪以来上海的苏州河越来越黑,越来越臭,成为国内外旅游者人见人摇头的臭水河。但是在建设生态城市、发展都市旅游的过程中，改造苏州河、让上海的这条母亲河水重新清澈的议题终于被提上议事日程，经过短短十来年的治理，苏州河终于基本消除黑臭，正在成为上海的景观河。又如，四川蜀南竹海风景名胜区制定了专项的生态保护规划，扩大竹海面积，改良竹子品种，强化景区管理，其出发点不仅是立足于国家风景名胜区的保护，也是发展旅游业的需要，二者达到完美的一致。

(二)旅游业发展对自然生态环境保护的负面作用

如果缺乏对旅游业的宏观管理，片面追求经济效益的无限扩大，过度开发、无序开发，也可能造成对自然生态环境的破坏，主要表现为以下几个方面。

(1)超容量的旅游者，严重超过景区所能承载的"度"，对自然环境造成严重污染。

旅游开发必须适度。所谓适度，就是要充分考虑环境的承载力，包括地理环境承载能力、生态承载能力、旅游者心理承载能力、旅游地居民心理承载能力和旅游地社会经济承载能力。目前的现状是，一些地区对旅游热的盲目崇拜，对旅游产业无序开发、过度开发、盲目开发，根本没有考虑环境承载力。据有关部门统计，在全国旅游区中对游客数量进行有效控制的仅占旅游区总量的20%超容量的旅游者，造成生态的严重破坏。

全国实行旅游黄金周以来，旅游游客直线飙升。1999 年第一个国庆黄金周全国接待游客 2 800 万人次，到 2008 年国庆黄金周已经超过 1.78 亿人次。过度的客流量给旅游景区造成不堪重负的压力。上海植物园竟然有一天接待 18 万游客的破天荒纪录，公园内游客摩肩接踵，不输庙会集市，一天下来整个公园被践踏得凌乱不堪。

过量的游客使景区土壤被过度践踏，空气酸度严重超标，造成珍稀植物大片死亡。千百年来成为绝唱的黄山北海散花坞"梦笔生花"已经佳境不再，现在只好用塑料树来滥竽充数；国家自然保护区的河南鲁山石人石，有 281 棵距今已有 2.9 亿年历史被誉为"活化石"的国家二级保护植物——秦岭冷杉，在 2004 年一下子枯死 233 棵，现仅存 48 棵。①

过度开发旅游也造成旅游景区水体严重污染。包括三峡、滇池、太湖、西湖、松花江、漓江等主要旅游区的水体都程度不一地出现水体富营养化和超富营养化，色度、透明度、气味等指标严重超过国家规定的旅游水体标准，到了非治理不可的程度。

高原明珠云南滇池从来以八百里湖面波光潋滟吸引古今旅游者，但随着当地工农业发展和旅游业发展，大量工农业废水和生活污水倾入滇池，使其很快变成一湖臭水，近年来当地政府虽然已经投资 40 多亿重金治污，但仍然杯水车薪，难见

① 资料来源：新民晚报. 2005－03－05.

起色。

由于过度开发,许多珍奇自然景观不再。云南大理的蝴蝶泉过去每年农历四月当蝴蝶花盛开,就会有成千上万只蝴蝶飞来,首尾相衔,倒挂树上,形成奇观。现在这种奇观几年也难得一见了;九寨沟的诺日浪瀑布和七彩湖,由于水的干涸,也已难得一见,面临景点毁灭的危险。

(2)过度的旅游热带来过度的建设,造成人为的自然生态灾难。

在过度的旅游热中,许多地方为了获取经济效益,在自然风景区过量建设,形成许多"破坏性建设"项目。

在旅游区内大量建造各种辅助性设施使景区遭受破坏。各种索道、缆车、公路的建设蔚然成风,比如泰山建造的3根索道,这些设施的建设尽管作为基础设施,方便了旅客,增加地方收入,但大量的采石取土,毁林筑路,破坏了自然形体风貌,破坏了山体地表,既影响观瞻,又造成水土流失,而且过于便捷的交通,使大量的游客迅速地集中到容量有限的山顶,也使容量有限的山顶增加压力受到破坏。

在旅游区过度开发旅游项目,破坏景区风貌。世界自然遗产武夷山、张家界(武陵源)在景区内建造宾馆楼宇和商业开发,受到世界遗产中心整改警告;世界自然遗产三江并流在2003年被列入《世界遗产名录》,当年即因旅游开发过热而受到世界遗产中心评估,2004年又因在怒江保护区周围要造13座大型水电站,有可能影响物种生存环境破坏世界自然遗产的原生态,再次受到评估;在无锡太湖边上高高耸立的商业楼宇,对整个湖区自然景观的和谐协调造成损害;在广西银滩,过量的宾馆餐厅排放的污水,甚至使享誉中外洁白如银的沙滩都已呈现黄黑色。

还有许多风景区、旅游区、完全不考虑整体环境的和谐统一和文化特色,胡乱建设、轻率上马,美丽的山林,被无知地"三通一平"掉了,动人的河流,被残忍地截弯取直、水泥护衬,不但造成视觉污染,而且造成资源破坏。

(3)不文明的旅游行为加剧了自然生态环境的恶化。

旅游者不文明的旅游行为,人为地污染了自然景区,是加剧自然生态环境恶化的"公害"。这种人为的污染包括三种不同的情况。

第一种情况是旅游业发展,带来游客集聚,随之而来的大量的汽车噪声、废气排放等,造成了生态环境污染。

第二种情况是随着旅游业的发展,各种旅游活动项目的开发,如餐饮、水上游船游艇、狩猎、野炊烧烤、宿营等都造成生态环境的污染和破坏。

第三种最为严重的情况是旅游者游山玩水时不加检点,随手乱扔废弃物,乱折花草树木,风景区内随处可见满地狼藉的塑料袋、包装盒,对自然景观的破坏已经达到触目惊心的程度。"白色公害"已经成为我国几乎所有风景区的通病。据报道,连"地球上最后一块净土"珠穆朗玛峰也因登山旅游者日渐增多,已经到处可见游客扔下的包装盒和垃圾了。而尤其值得忧虑的是我们的国民对此见怪不怪、熟视无睹。

| 类　项 | 对自然环境的影响 | 评　　注 |
| --- | --- | --- |
| 过度拥挤 | 环境胁迫引起动物行为变化 | 对承载容量的过度超负荷，破坏生态环境，也降低旅游质量 |
| 过度开发 | 过多的人造景观 | 城镇式发展，改变景观性质 |
| 围垦造地 | 湿地消失，地貌改变 | 导致自然环境面貌整体改变 |
| 拦截河道 | 地貌改变，生存环境破坏 | 导致生态环境的恶化 |
| 野外探险 | 对野生生物和宁静的干扰 | 过度利用，改变自然环境面貌 |
| 修筑道路索道 | 植被的损害，并造成游客迅速集中 | 生态环境的损坏，景观美学遭破坏 |
| 电线架设 | 景观的损害 | 美学影响 |
| 随意破坏景物 | 景观及形体破坏 | 导致自然特征的消失或改变 |
| 垃圾乱丢 | 对自然环境的损害 | 破坏景观，并造成土壤和水质变化 |
| 噪声 | 对自然声音的干扰 | 刺激野生生物，同样对观光者有不良影响 |
| 高速行车 | 扬起尘埃，干扰动物生存环境 | 导致动物习性的改变和减少，污染环境 |
| 动物猎食 | 捕杀和驱赶动物 | 导致珍稀动物的消失和动物习性的改变，同样危害游览者 |
| 纪念品采集 | 肆意采集动植物或地质标本 | 破坏景观，导致自然特征的消失 |

**案例**

## 游人脚步“赶跑”大熊猫①

昨天，在黄金周旅游又获大丰收之际，中科院成都生物研究所生态多样性研究专家印开蒲也在不停地忙碌着，他通过收集到的各种数据，计算全省重点景区在短短7天内接待的百万游人给各大景区自然生物多样性所造成的巨大损失。昨日下午，印开蒲在接受采访时响亮地提出：九寨沟、海螺沟、四姑娘山等旅游景点的游客数均达数万人，这都超出了景区划设计的环境容量。黄金周已成为环境污染的“伤心周”，建议政府考虑取消黄金周。

吸纳近百万人吃、住、玩的四川各大景区在黄金周被污染情况究竟如何？记者进行了一番调查采访。

① 资料来源：四川在线—华西都市报，转引自 www. news. sohu. com，2004－10－09.

**九寨沟:大熊猫被游客“赶跑”了**

作为最先提出建立自然保护区保护九寨沟的印开蒲拿出刚刚完成的“全国第三次大熊猫调查”结查,指着上面“九寨沟已无大熊猫活动痕迹”的内容,不无担忧地表示:“10年前,他在九寨沟科考时,还可看见大熊猫在大自然中觅食的俏影。在九寨沟向世界开放的短短10多年中,千千万万游人的脚步不仅破坏了大熊猫觅食、繁殖的生存环境,也将大熊猫永远地赶走了。”大量游人的涌入,对九寨沟生物多样性的破坏还远不止大熊猫。印开蒲还介绍说,原来遍布沟内,国际上标志环境质量优良的指示植物松萝也越来越少。

**海螺沟:冰川在游人脚下消失**

在印开蒲的研究中,以高原冰川森林享誉中外的海螺沟,因为大量游人进入3号营地以上活动,游人们排入空气中的二氧化碳明显增多,近几年来,海螺沟冰川正以前所未有的速度融化消失。而长期活动在这些植被中的獐子、野猪、野鸡等野生动物的踪迹也明显减少。

**四姑娘山:满山都是塑料袋**

四川各大景区在黄金周被污染情况如何?四姑娘山就深受游人众多的影响,国庆期间,记者在四姑娘山看到,蓝天白云映衬下,雪山娇艳美丽,然而部分游人丢下的垃圾,满山的塑料带和方便面口袋盒子等垃圾却非常醒目,与优美的自然环境形成鲜明对比。

**各大公园:节后忙着恢复**

仅仅供游人短时间游玩的成都市内公园污染又如何?昨日,成都市各大公园的管理方一刻也没有闲着,清理恢复黄金周大量游人对公园环境所造成的破坏。昨日下午,记者在百花潭公园看到,凡是公园内有路的地方,道路两旁的草坪都留有千万人的脚印。一些游人甚至铺开报纸在草坪上席地而坐,打牌、吃零食,垃圾满天飞,对公园环境破坏极为严重。甚至连成都市动物园专供游人拍照的狮子也无奈游人之多,只得无力哀号。

## 二、旅游对人文社会环境的影响

### (一)旅游业对人文社会环境的积极影响

(1)旅游是一种健康的精神文化的活动,旅游者通过旅游活动,不但可以开拓眼界、开阔心胸、增长知识、调节心态、促进身心健康,而且有助于提高旅游者的心理健康和人文素质,这对社会的和谐健康发展,对民族、对国家整体精神面貌的提升,都是有益的。

(2)旅游者的活动,实现一种文化的交流,促成不同地区、不同国家之间文化的交流和融合,加深民族间、国家间的沟通和了解,对于增强民族凝聚力、建设和谐社会以及扩大国家的开放、塑造国家形象起到了积极作用。

(3)旅游业的发展,促进旅游接待地区的经济发展和生活水平提高,推动相关产业如旅馆业、餐饮业、服务业、运输业、商业、娱乐业及建筑业、电信业、金融业等的发展,促进文化、教育事业进步,提供就业机会,提高收入,拉动消费,对社会进步、经济生活现代化都起到推动作用。

(4)旅游作为一项高层次的社会文化生活,旅游业的发展促使人们更深层地挖掘本地区的文化内涵,开发更多具有鲜明特色的文化产品,这对于拯救和促进旅游接待地的民族传统文化的复兴和发展,促使人们科学、合理地规划文化产业,同样起到推动作用。

所以旅游业的发展和人文环境的保护从根本上说是一致的,是互动和共赢的。良好的人文社会环境是旅游业发展的前提和基础,旅游业的发展可以推动人文社会环境的建设和进步。

(二)旅游业对人文社会环境的消极影响

如果抱着短视的眼光,在局部利益驱动下,过度、无序地发展旅游业,也会给人文社会环境带来一系列消极的负面影响。

(1)超量的旅游者导致珍贵历史文物受损和人文社会环境的破坏。

过量的旅游者会导致具有珍贵历史文化价值的古迹和人文景观遭到破坏。敦煌石窟每个洞窟参观人数的最大限度是2 000人,但是随着旅游热的兴起,到敦煌来旅游的游客在旅游旺季最大客流量一度曾经最高达到5 000人之多。超容量的游客超时逗留在洞窟中,造成空气湿度、温度和二氧化碳含量均超出正常值的数倍,直接造成壁画酥碱病的加剧。又如北京故宫博物院,由于常年处于超负荷运转,太和殿的地砖大批已被踩得支离破碎,一块乾隆题记的木化石,被游人摸得字迹模糊,虽然后来故宫对游客流量采取了一定的限量措施,但造成的损失已经无可挽回。

过分超过容量的旅游者,不但会超出地理环境的承载力,对生态环境造成破坏,而且,过量旅游者的到来,使旅游地的交通、商业、公共空间都拥挤不堪,甚至副食品供应都会出现紧张局面,超出旅游者和旅游地区的心理承载力、社会承载力,扰乱旅游地的正常生活秩序,对人文社会环境也是一种破坏。所以,1998 年,足球世界杯锦标赛在法国举行,这在许多方面都被看做是体育旅游的难得契机,但是随着大量旅游者的蜂拥而来,当地的居民不但没有喜悦的心情,反而认为正是这些外来游客扰乱了本地正常生活,致使自己的物质和文化水平的下降,因此表现出强烈的反感。

(2)缺乏科学规划的建设造成对人文社会环境的严重破坏。

旅游的发展,促成了旅游景观的大规模建设,这种建设和旧城镇改造、新城镇建设和基础设施建设结合在一起,对于城市化的推进和改善城乡居住环境,都起到了积极的作用,但是缺乏科学规划的乱建滥建,也对人文社会环境造成了一系列不容忽视的严重后果。

破坏性建设。表现为不顾自身环境特点的无序建设，到处是城市广场，到处是高尔夫球场，到处是“小上海”，到处是“德国镇”、“英国城”，造成千镇一面、千城一面，毫无个性特色。有个国家级贫困县搞了景观中心广场，县长自称是到美国去考察后把旧金山市政广场的式样“原汁原味”地搬了过来，根本就没有想过中国的“贫困县”和美国的旧金山在市政建设上能不能找到可比性。正像著名景观设计专家、北京大学景观设计研究院院长俞孔坚批评的：“到处是国外的奇花异草，到处是罗马柱、巴洛克式屋顶，为什么？因为只认同别人，不认同自己。人迷失了，没了根，最后只会感到空虚。”①

建设性破坏。由于无知，虽然本意是修缮建设，却造成了人文遗产、名胜古迹原始风貌和历史价值惨遭破坏。山西五台山上的文殊殿，俗称滴水殿，不论天晴天阴，常年滴水不止，成为著名景观。后来大殿“经有关部门批准同意”进行加固修缮，但焕然一新的文殊殿却再也不见滴水奇观，“滴水殿”也是空有其名。又如江苏无锡著名的音乐家瞎子阿炳的祖宅，是一栋有意义的名人故居，拥有深厚的文化底蕴，但有关方面也是为了保护，把整幢老宅揭瓦重修，从而使好端端的文物建筑失去了它的原真性。在一些著名的石窟，据说为了防止暴露在山体表面的佛像被风化侵蚀，竟然在每个佛像外面砌上方正有序的墙体，形同把佛像安置在佛龛之中，结果使宏伟气派的石窟顿失原有风貌。一些地方的名胜古迹的重修，像杭州的雷峰塔、南昌的滕王阁，都是以现代的手段来建造和装饰所谓的“古迹”，让人都不知道“身在何朝”。重修的雷峰塔中，不但在里面安装了各种旅游设施，甚至还安装了观光电梯。

拆真的，造假的。不是不可以造人造景观。精湛的人造景观也是一种文化，同样具有文化意义。苏州的园林就是人造景观，还被列为世界遗产。一些精致的景观建筑园林，河北正定的荣宁街，深圳的“世界之窗”都是经受了时间和旅游者的检验，成为当地的文化名片的。但是，有许多地方为了商业利益而不惜拆毁有文化价值的建筑，就是“丢西瓜捡芝麻”的得不偿失的举动。比如浙江定海古城就在“折旧建新”中夷为平地；上海发生过为了调整商业布局而先后拆掉已经命名为“市级文物保护单位”的大革命时期国共合作创办的上海大学旧址和大上海电影院；北京、南京、遵义也都曾为要不要保留传统建筑而争论。诸如此类的大拆大建，拆掉的是文化，而建起来的建筑，除了商业利益，已经什么也谈不上了。

(3)旅游对本土文化的冲击。

旅游固然推动了文化的交流，特别是促进了强势文化对弱势文化的影响，带给旅游地经济文化的繁荣，但是不可避免地给旅游地的本土文化带来不可小觑的消极影响。

① 参见中国青年报.2004－10－13.

旅游地本土传统文化被削弱和异化。由于大量旅游者的来到,他们带来的异质文化和当地的传统文化发生碰撞,结果往往导致传统文化迁就外来文化而逐渐歪曲变质,传统的庆典活动和各种民间习俗不再按照当地固有的风俗习惯进行,而成为迎合旅游者的"文娱表演",音乐曲调、舞蹈节奏、服饰穿戴、饮食口味、面罩道具、工艺制作,无一不按"市场需求"删改变动;本来极富乡土气息和传统风味的工艺品越来越流于形式。这种异化的"民族文化"、"传统文化"实际上已经变质和走味,失去了其真正的文化价值。

旅游接待地被迅速商业化、过度商业化。许多乡村集镇、农家乐农户,一开始以淳朴的民俗和清新的民风,引得各地旅游者纷至沓来,但是,随着品牌越打越响,接待的旅游者越来越多,尽管各项硬件指标更加健全,旅游者却普遍认为,今天的古镇旅游只剩下了农村集市,农家乐越来越像农村旅馆,很少能体会到真正的农家乐趣、农村风味。江苏周庄的旅游开发以后,周庄一度成为"江南水乡"的同义词,被中外旅游者交口称赞,成为中外旅游者必到的一个旅游景点。但是,随着旅游热不断升温,旅游者不断增多,周庄被发现是一块商贾云集、人来客往的市集"宝地",周庄的商业迅速升温,小小一个镇,仅仅经营丝绸买卖的店铺就多达278家,更难以统计其他各式店铺。商业味冲走了文化味。周庄如何拾回原先那种小桥流水的清幽古雅的情调和风味,已经成为摆在周庄经营管理者和所有周庄人面前的严峻课题。

旅游地的民风民俗受到侵蚀,特别在一些原来相对交通闭塞、和外界交往较少的山区农村、少数民族地区,大量外来旅游者,带来的不仅有外界的先进文化理念,同时也有商业化的道德观念。云南泸沽湖畔的摩梭人"女儿园",长期以来过着相对封闭的自给自足、自得其乐的部落生活,民风淳正,忠厚诚实,但是随着外来游客的涌入,在摩梭人中也出现了打架、斗殴、赌博等歪风邪气以及以次充好、少给多收的骗人现象。在云南见水县的一些少数民族聚居地区,旅游者经常会被穿着艳丽盛装的哈尼姑娘、布朗少女邀请一起参加"哈尼风情"、"民族婚礼"的歌舞活动,活动的高潮是强拉游客玩"进洞房"的游戏,实际上也就是强索小费,强要"结婚费",这种以"美人计"来敲诈游客的行为,不但把少数民族文化庸俗化了,而且也使当地的旅游业陷入"无信无义"的境地。①

**案例**

### 泸沽湖忧思录
### ——变迁中的女儿国②

泸沽湖虽然地域封闭,但人们每天接触电视、广播、报纸、书刊,外来文化人

---

① 资料来源:www. ctnews. com. cn/gb.

② 资料来源:www. ctnews. com. cn,转引自张国洪. 中国文化旅游:147.

们的影响力是巨大的,当地的文化传统、风俗习惯正在起着变化。比如,这里的婚姻制度已嬗变为三种形式:一是走婚制,即“阿夏异居婚”,这是母系社会婚姻的主要形式,约占70%强。二是“阿夏同居婚”,这是“走婚”这棵树上生出的一根枝杈。这种婚姻指已结成情侣关系的男女同居一家,但不另立门户,男到女家或女到男家由两家协商而定。三是一夫一妻制。后两种形式约占30%,而且还有扩大的趋势。据观察,文化水平较高或有工作的,婚姻一般为“一夫一妻”或“同居婚”。这种趋势似已使母系社会的冰山一角开始融化,最具特色的婚俗文化现象的魅力在减弱。

过去,这里的民风民俗最淳正,但近几年也出现了打架、斗殴、赌博等歪风。过去,在交往中,诚实为本,骗人为耻,现在做买卖时以次充好,少给多收现象时有发生。

僧侣的戒规和宗教仪式的庄重与过去相比也发生了变化。碰巧,我们在里格岛遇上了殡葬仪式,一位名叫扎西的僧人给我留下了深刻的印象。他是出家人,却有一个同居的阿夏,与拉克六斤的五妹结婚并生有一男一女;他白天去念经,晚上主持篝火晚会,亦歌亦舞,是姑娘们喜欢的对象;他的职业是僧人,却用自家房产开了个旅馆,采购、收钱,扮演着商人的角色。小伙子聪明漂亮,那副潇洒劲头,村里的年轻人都很羡慕。

对于种种文化现象的变化,各类人众说纷纭。这里摘录几段村民的议论:在湖边的木楞房旁,几个老人坐在粗大的木桩上。一个头戴毡帽、身材魁梧的老人说:“我年轻的时候,也走南闯北,赶马经商,远到印度,走过不少地方,也算见过世面吧。但还没见过现在的年轻人,骑着马走村串寨,见到老人,遇到喇嘛也不下马,说是骑给游客看的,真是活见鬼。”另一个老人插话:“别说是在村中间骑马,就连转尼马堆也有人不再行走了,骑着马转。”另一个老人深有感触地说:“现在,什么人都谈着钱、钱、钱,他们真是没见过钱,我年轻的时候,曾用十多匹马驮过钱。”又一个老人说:“他们天天谈论歌舞厅,我就悄悄地摸进去看了一下。哎呀,这哪里是在跳舞,那男的双手抬着女人,完全是我们葬礼中孝男举贡品托盘的姿势嘛!”议论引来一阵阵笑声。

杨二车娜姆在她的《走回女儿国》一书中说:“老人们的谈论,我并不完全赞同。社会在发展,民族也需要发展,永远保持传统是不可能的。永远保留那种自然经济状态,孙女重复外祖母,女儿重复母亲,那种亘古不变的历史应该成为过去。任何人也没有能力让时间倒流,关键是怎么变,怎么发展?如何少走弯路,如何认识传统,又如何辨别外来文明,这是值得思索的。如果认为外来的、一切新鲜的都是对的,不加选择地一概吸收,那么,不要几年工夫,在泸沽湖,将再也看不到真正的摩梭人,说得严重一些,只能见到一些穿着摩梭服装的服务员。”“那些紧挨着祖母房的卡拉OK厅、发廊等所谓的现代文明进入泸沽湖,似乎是一股混浊的河水淌入纯净的泸沽湖。这里有一种隐痛、一种看不见摸不着的城市病,随着现代文明传染给了我的故乡。湖边,在古老的猪槽船边,我看到一堆堆塑料口袋、饮料瓶。这些东西,100年也不会腐烂。我有一种奇怪的感觉:我们的母亲湖正在被人强奸。""外边进入的东西,并不全是精华,而是一些说不清是垃圾还是娱乐品的东西。连前所(村名)那么偏僻的地方,每到晚上,许多年轻人就挤在那间密不透风的录像厅里,津津有味地看着这些《精武门》、《生死关头》、《鸳鸯情侣》之类的港台制品,无非是拳头加枕头的玩意儿。真不知道,受这些东西熏陶的我的兄弟姐妹,将来走向何方,我很担心。"

## 第三节　环境保护与旅游文化

### 一、旅游过程中的自然生态保护问题

优美的自然环境,是旅游活动的基础,也是最大多数旅游者寻求的乐土。自然生态环境不但指优美的人居自然环境,包括清新舒畅的空气、清澈洁净的流水、宁静幽雅的周边环境、葱茏碧绿的树林;也包括以地球为舞台,人类和整个生物生存和发展的一切外界条件的总和,包括各种地理因素、生物因素、非生物因素和人为因素。

旅游的开发,旅游者的蜂拥而入,可能对自然生态环境造成不同程度的破坏,主要来自三个方面:

一是无序开发。一些地方政府和企业为了通过发展旅游业而拉动经济、提高收入,因而过度开发、盲目建设,造成环境的破坏。

二是管理失位。发展旅游过程中行政部门管理没有跟上,听任环境恶化。

三是国民素质有待提高。旅游活动中旅游者个人素质低造成生态环境的恶化。

所以自然生态保护问题,归根到底是人和自然的关系问题。可持续发展理念的提出,就是要从根本上解决自然生态环境的保护问题。因此,抓自然生态环境的保护,应强调四个环节。

首先,要从思想理念上真正树立"可持续发展"的观念,既不能"仔卖爷田不心疼",为了眼前的局部利益上对不起祖宗,下对不起子孙,任意糟蹋资源,也不能重走工业化国家"先污染,后治理"的老路。

其次,要加强规划,对旅游业的合理开发要从源头上抓起,以科学发展观为指导,对旅游业发展的"度"作出科学的预测,对旅游发展的目的、规模、风格作出限制,环境保护作为一项硬指标纳入规划内容。

再次,要强化管理。对规划中有关生态环境保护的规定,要有刚性的法规给予保证,要建立"环境警察",对破坏生态环境的人和事给予有力的制裁。生态环境的

保护,政府部门是关键。在一些生态环境遭到严重破坏的地方,要追究当地政府的"不作为"行为,与此同时,环境保护又是每一个旅游开发商和企业的责任,任何一个企业或个人在取得经营或承包的权利时,也意味着承担了环境保护的责任和义务。政府部门不仅自身有执法管理的责任,还有监督和督促企业保护环境的责任。有了法律(许多地方连基本的立法也没有跟上),不尽心尽力去执法,同样是一种"不作为"。

最后,加强国民教育。新加坡、韩国、日本等一些在环境保护上卓有成效的国家,无不是从国民素质教育上抓起,让每个公民养成自觉保护环境的习惯。2005 年国庆节黄金周期间,一个 80 多人的韩国旅游团到中国新疆乌鲁木齐的南山旅游区旅游,当他们看到原来应该是"一片净土"的风景区,却满地垃圾纸屑,"一片狼藉"时,在惊讶中感到惋惜,于是发生了感人的一幕:全团 80 多名旅游者,包括 30 多名儿童,集体行动,一起先捡垃圾,然后游览,他们花了将近半个小时,把方圆 1 公里的风景区内的垃圾清理得干干净净,并驱车把 5 个装满垃圾的大纸箱运到垃圾站,然后才安心继续游玩。南京紫金山麓有位 80 岁的柴姓老人,目睹每天漫山遍野、随处可见的爬山旅游者顺手丢弃的塑料袋、易拉罐等垃圾,每天坚持上山捡垃圾送进垃圾桶,而且一捡就是 7 年,他的精神带动了南京数千人自发成为护山志愿者。①

**案例**

**美国旅行社协会(ASTA)提供的生态旅游者十条"道德标准"②**

尊重地理的脆弱性。意识到如果不保护环境,后代可能不会再看到独特而美丽的目的地。

只留下脚印,只带走照片。不乱写乱涂,不乱扔垃圾,不从历史遗迹和自然景观上取走纪念品。

了解目的地的地理、习惯、风俗和文化,使旅程更有意义。倾听当地人的谈话,鼓励当地居民参加环保活动。

尊重别人的隐私和尊严。征求对方意见后再拍照。

不买以濒危动植物制成的产品。例如,象牙、龟壳、动物皮毛等。阅读美国海关不能进口的物品清单——《行前须知》。

走设计路线,不打扰动物及其栖息地,不破坏植物。

了解并支持环保计划和组织。

尽量徒步或使用对环境无害的交通工具,鼓励司机停车时关闭发动机。

支持节约能源、环保的企业(饭店、航空公司、度假区、游船、旅行社)及其行为,

---

① 资料来源:新华社. 2006-01-06.

② 转引自邹统钎. 旅游开发与规划. 广东旅游出版社,2001:273-274.

包括改善水和空气的质量,废物利用,安全管理有毒材料,消除噪音,鼓励社区参与和雇用致力于环保且经验丰富的员工。

询问美国旅行社协会会员,找出赞同美国旅行社协会关于航空、陆地和水上旅游环境指南的组织。建议这些组织采用自己的环境规范,约束在特殊景点和生态系统的行为。

## 二、旅游过程中的文化生态保护问题

人类在一定的自然环境中生存,也在一定的人文社会空间环境中生存。文化生态就是指人类所赖以生存和发展的一定的人文社会空间,它具有鲜明的历史传承性、民族性和地方特点,包括人们一定的社会生活形态、精神生活风尚、经济和社会生活秩序等。文化生态所蕴涵的丰富的文化意义和历史社会意义,无论对于民族性格和精神的造就,还是对于人性、人的素质的培养都有重要的意义。文化生态比自然生态更加脆弱,文化生态一旦被破坏,不能恢复,不能再生。破坏文化生态,就是割断人类的历史文化传统,其影响可能不像自然生态环境被破坏那样直接,但后果会更加深远。

在旅游热发展的过程中,同样存在文化生态保护问题。

历史文化遗产的毁损。旅游的开发使许多带有珍贵文化意义的古建筑被任意拆毁、历史风貌被改变;旅游者的参观,无论有意无意、主观客观,都会造成文物建筑的损坏和腐蚀。

传统文化的变异。旅游者的到来,会带来完全不同的消费方式和时尚理念,冲击旅游地的历史传统文化和精神风尚,特别在一些至今尚保存原始人文状态的地区,有可能瓦解其原有的精神文明和道德标准。民间风俗庸俗化,宗教世俗化,民间工艺品商品化,原有的建筑形式逐渐被改造或消失,地方特色文化被肆意改造和模仿。

人文社会环境的商品化。旅游的发展会带来旅游地整体人文社会环境的变异,宁静的山村水乡,因为旅游者的到来而喧嚣杂乱,平静的安适的生活秩序被打乱。人们的价值观念和道德水准也在商业潮流的冲击下,丧失原有的淳朴,并产生一系列的社会问题。

在社会发展的过程中,通过旅游,达到文化的交流,引领社会环境走向文明,这是正常的,也是社会进步的必然。但是在发展旅游过程中,保护历史,保护传统,保护生态文化环境,是一个亟待重视的问题,必须处理好四个方面的关系。

第一,旅游者和旅游地原住民的关系。在发展旅游的过程中,文化生态遭到破坏,既有旅游者带来的因素,也有旅游地原住民自身的因素。比如在"改善旅游环境"名义下对历史建筑的毁损或者人文社会环境管理不善,都是旅游地本身的问题,所以不应该把所有的问题都归之于旅游者的到来。在国外有些地方采取消极的办法,拒绝或者限制旅游业的开展,并不一定是个好的办法,事实上单靠消极的抵制,也达不到保护文化生态的目的。从可持续发展的理念出发,旅游发展充分顾及旅游地原住民的利益,有助于推进旅游地原住民生活水平的提高。但是,保护旅游地文化生态的问题,要靠旅游者和旅游地政府、管理部门和所有群众的共同认识和努力。在一定的意义上,后者的作用更加关键。只有当地政府和管理部门思想到位,理念到位,管理措施到位,人文社会文化生态的保护,才能真正行之有效地实施下去。

第二,经济和文化的关系。从根本上来说,发展旅游业,吸引旅游者的最重要的因素是文化,是当地的文化资源。“今天的文化就是明天的经济”。只有善待自己的历史文化传统和人文社会环境,才是保障旅游业发展的基础。但是,经济的利益是显性的,文化的效应是隐性的,并不是所有人都从心底里能认识并摆正经济和文化的关系的,所以才会有为了经济发展而恶化人文环境的事件。文化也是一种生产力,要充分认识文化对经济发展的反作用,摆正文化和经济的辩证关系。

第三,眼前利益和长远利益的关系。实际上,处理经济与文化关系的同时,还有一个眼前利益和长远利益的关系问题。只顾眼前,不顾长远,是造成一系列问题的根源。从旅游者来说,部分人只图自己兴致所至,无视久远;从当地政府和管理部门来讲,任期效应,政绩工程,则是一系列短视行为的出发点。文化生态的建设和保护,是一个承上启下,功在后代的千秋伟业,没有对子孙后代负责的胸怀,就不能把握当前,惠及后代。

第四,传统文化和外来文化的关系。在世界经济一体化和世界已经成为一个“地球村”的大背景下,旅游业发展带来各种不同质的文化的碰撞是不可避免的。因为传统文化面临的是两元悖论的尴尬境地。一方面,只有坚持传统文化的民族特色、地方特色,才能形成对旅游者最富魅力的吸引力;另一方面,旅游业越发展,旅游者越频频光临,对传统文化的冲击力也越大。不可能采取自我封闭的方式来保护传统文化,正确的态度是以主动的姿态,充分挖掘保护本地的优秀的传统文化,通过各种文化元素,展示它的特性和最高的文化水平,使之成为本地本国的标志,成为本民族的自豪。当一种文化成为一种民族的精神,而被继承发扬、融入世界文化之林,那么任何外来文化也都无法将其瓦解。

**专论**

### 保护我们的文化生态①

近年来,在城市化的过程中,在城市旧城改造的过程中,关于怎样看待我们周围传统的生活环境的争论,时起时伏,始终没有真正平息过。

---

① 姚昆遗. 保护我们的文化生态. 上海:文汇报,2002-06-12.

浙江定海古城被夷为平地的公案尘埃尚未完全落定,北京又在为四合院是不是拆过了头争论不休;桂林对玻璃幕墙要不要取代过街楼的争论言犹在耳,上海嘉定又对要不要保留西大街意见纷纷。江苏的周庄、安徽的合肥、湖北的襄樊、贵州的遵义,类似的事件,几乎每一年,每一个城市都有发生。有人豪言壮语,"五年内要拆尽城内所有的旧房";有人愤慨责问,"只许大城市现代化,不许小城市现代化,天下哪有这个理?"这类事件,从现象上看,是经济发展过程中所遇到的问题,但其本质上,却反映的是在城市化、现代化过程中,怎样看待我们的生态环境的问题。

对于生态环境的概念,大家都已经比较熟悉了。《辞海》下的定义是:生态环境是指影响人类与生物生存和发展的一切外界条件的总和。一般认为,生态环境由许多生态因子组成,包括动物、植物、微生物等生物因素,大气、温度、土壤、光等非生物因素,位置、地形、地势等地理因素,以及开垦、采伐、栽种等人为因素。这些因素都从不同方面影响到人类的生存和发展。

过去,我们忽视生态环境的协调和平衡,结果受到了惩罚。长江洪水,土壤沙化,沙尘暴肆虐,太湖、滇池等一个又一个湖泊富氧化,都是大自然对人类忽视生态环境平衡的惩罚。于是,可持续发展成为人类发展的共同理念被提出来,自然生态环境的保护,人和自然的和谐发展,受到普遍的关注,人们的生态环境保护意识大大加强,开始成为一种自觉行动。现在可以毫不夸张地说,对于自然生态资源的任何糟蹋和破坏,比如砍倒一棵生长态势良好的梧桐树,把污物倾倒到河道水域中去,都会引起广大市民的指责乃至举报。

但是,人类区别于其他生物的是,人不但具有自然属性,同时还具有社会性;人不但是自然人,同时也是社会人;人类的居住空间,不仅是一个自然空间,同时也是一个人文社会的空间,带有鲜明的历史传承性和鲜明的民族特性。因此,作为人类生存和发展的各种外界条件的总和的生态环境,除了生物、非生物、地理和人为因素之外,还包括文化因素。具体反映在生活方式、历史传统、风俗习惯、民间工艺等方面,而聚落形式和建筑风格正是其中最富于表征的内容之一。

文化具有二重性,它既是人类生存发展中所创造的物质和精神财富的总和,又对人类自身的生存和发展产生巨大影响。因此,文化理所当然地也是人类生存和发展的生态环境的一部分。这就是文化生态的概念。人类的生存发展离不开良好的自然生态,人类和自然的和谐发展,同样也离不开良好的文化生态。文化生态所蕴涵的丰富的历史意义、文化意义和社会意义,对于人性的形成、人的素质和品格的培养,以及不同民族性格与精神的造就,具有重要的影响和作用。人类破坏自己生活的文化生态,割断生活的历史文化传统,其后果可能不像破坏自然生态那样直接,但却会深远地影响到自身的发展。

我们不能重复西方国家工业化走过的"先污染、后治理"的破坏自然生态的弯路,在文化生态上也来个"先拆毁、后重建"。文化生态的特点之一就是不可再生性。许多历史文化遗产一旦毁损,传统风格一旦变异,人居环境一旦破坏,这将是人类文明的损失和历史的遗憾。这不应该是现代化的结果,而是对现代化的一种扭曲,其损害的将是人类自身。从这一点上来讲,保护文化生态的重要性,其意义不但不在保护自然生态之下,而且更加深远。

应该说,人类对客观世界的认识,在不断地深化,不断地进步。从自然生态到文化生态的保护,反映了这个认识还在继续深化。我们以上海为例,11个历史文化风貌区的划定,上海展览中心、马勒住宅等一大批优秀历史建筑的"修旧如旧"的整修和功能恢复,新天地石库门建筑群和衡山路旅游景观街的风貌和功能的完美统一,正是我们努力保护文化生态的可贵尝试。当保护文化生态的观念和保护自然生态的观念一样深入人心时,我们的遗憾将会更少,我们的生活将会更美好。

**思考与练习**

1. 举例说明环境文化与旅游的关系。
2. 旅游客源地的环境文化影响从哪些方面表现出来?
3. 旅游目的地的环境文化影响从哪些方面表现出来?
4. 举例说明旅游业发展对自然生态环境的影响。
5. 举例说明旅游业发展对社会人文生态环境的影响。
6. 抓自然生态环境保护应着重抓哪几个环节?
7. 保护文化生态环境应处理好哪几个关系?

# 第六章

# 旅游经营文化

**本章导读**

旅游业是文化产业,产业性质决定了旅游经营活动的文化性特征,旅游经营是市场行为,也是文化性极强的经济行为。本章将具体论述旅游经营文化的研究对象和方法;旅游经营文化的研究对象是旅游业中从事经营活动的所有企业、部门和从业人员在经营行为中的文化表现和文化内涵,以及一些旅游经营活动的文化性原则。旅游公司、景点开发经营商、旅行社、旅游饭店、导游及其他旅游接待服务人员和部门在旅游工作中所体现的文化性,以及所有旅游经营行为,包括管理、宣传、产品开发、旅游规划、策划等环节的文化要求和文化特征,分别论述旅游经营活动本身的文化特性,旅游经营的文化空间和旅游企业文化建设的重要性、原则、方法以及旅游经营者的行为文化及其对经营活动的影响。揭示旅游经营活动中文化价值和经济效益、社会效益间的平衡规律和准则。研究旅游经营文化则必须对现代旅游业的发展现状和趋势有清楚的认识和准确的把握,在此基础上研究文化在旅游经营活动中的重要作用和价值,以及文化对旅游经营方式和结果的影响。另一方面也要充分认识旅游经营活动对社会文化的影响和作用,提出旅游经营过程中对文化发展的促进和破坏的情况,指出现代旅游业中亟待解决的问题及相应的解决途径。

## 第一节　旅游经营的文化特征

### 一、旅游经营及旅游经营文化

(一)旅游经营

旅游经营是指旅游企业利用一定的场地、设施、设备、技术等,为旅游者提供餐饮、住宿、游览、会议、商务活动等方面的服务并取得收益的赢利行为。

旅游经营活动的主要内容是为旅游者提供服务。尤其到了近代,随着社会物质财富的急剧增加,人们物质和文化水平的逐步提高,世界各国间交流合作的进一步发展，以旅游者为专门对象，专门针对旅游者提供服务的各类经营活动逐渐形成规模，并成为社会产业结构的重要组成部分。

（二）旅游经营者

旅游经营者是为旅游者旅游需求的实现而提供产品和服务的企业、组织或机构、部门，旅游经营活动也就是为旅游者旅游需求的实现而提供产品和服务的行为。

（三）旅游经营文化

旅游经营文化的研究对象是旅游行业中实现旅游经济效益的实体，以及它们的经营行为的文化特征、内涵。旅游经营活动的主要目的是要实现经济效益，促进文化的交流，树立旅游地的形象，同时实现良好的社会效益，推动旅游业的良性发展。旅游经营活动既是一种经济行为又是一种文化行为，对于旅游经营文化的研究，既要从旅游企业管理的角度，研究旅游企业文化建设对于旅游企业自身发展和推动旅游行业健康发展的重要意义，又要从旅游经营活动对社会文化和传统文化影响的角度，探讨旅游经营行为和传统文化之间的关系，弄清楚旅游经营活动对传统文化所产生的既有不可逆转的破坏又有保护和发扬的双重影响，寻求旅游经营和传统文化、地方文化共同平衡发展的道路。

## 二、旅游经营主体及其文化特征

旅游经营文化的研究对象是旅游产业的经营主体，与旅游产业经营活动有关的单位、人员以及他们的旅游经营行为和旅游企业的业务活动，服务人员的服务工作，管理人员的管理行为，旅游行政管理部门及相关政府部门的行政导向行为，旅游企业和事业单位的发起或主办的旅游宣传活动，旅游策划单位和人员的旅游策划以及规划活动。主要包括旅游经营组织及其经营活动、旅游从业人员及其行为的文化研究。

（一）旅游经营组织及其经营活动

丘克 · Y. 奇（Chuck. Y. Gee）在他的著作《旅游学》（The Travel Industry）一书中，将旅游业及相关的经济组织、社会组织和部门分成三种类型：

（1）直接的旅游经营单位：饭店、交通运输、旅行社、零售店；

（2）间接的旅游经营单位：航空食品供应、饭店饮食原料或成品供应、印刷；

（3）相关的组织和部门：教育培训、政府管理部门、城市规划部门。

在传统的旅游文化研究中，将旅游文化的研究对象划分为旅游主体、旅游客体和旅游中介，其中的旅游中介就是指具体的旅游经营单位和人员及其经营行为，主要有旅行社、饭店等企业单位。

（二）直接旅游经营单位的文化特征

直接为旅游者提供服务的旅游企业就是从事旅游服务业务以获取经济利益的企业。这类企业直接面向旅游者，为旅游者提供直接和具体的服务。它们的服务质量直接影响到旅游业的产业形象和产业效益,是重要的旅游经营者。在这类旅游经营者中,按照经营范围和经营内容的不同可以划分为旅行社、旅游饭店、旅游餐饮企业、旅游交通运输企业和旅游商贸服务企业等。无论哪一类旅游经营单位,都要了解旅游者的旅游需求和动机,设计出适应旅游者需求的旅游产品,而要准确地把握旅游者的旅游需求就必须进行充分的调查研究,认真分析不同文化背景旅游者的旅游动机,才能设计和推出有市场、对旅游消费者有足够吸引力的产品。在旅游接待服务的过程中也需要了解旅游者的文化背景和喜好,以便更好地将优质的旅游服务落实到旅游活动的每一个环节中,使旅游者满意。

1. 旅游饭店

旅游饭店、宾馆不仅是旅游者旅游过程中重要的食宿消费地,为旅游者提供传统意义上的餐饮住宿服务,随着旅游市场的扩大和需求层次的提高,日益成为各类旅游者的社交、商务活动、信息交流和传递的中心场所,其经营活动已日益成为具有很强文化性的活动。在中国加入世贸组织后,国内的旅游饭店业受到很大的冲击,跨国饭店企业集团利用资金、品牌影响力、管理水平和人力资源等优势,形成巨大攻势,直接影响到国有饭店企业的生存和发展。在这样的形式下,经营理念和经营方式的更新,员工素质和管理水平的提高都成为极其重要的因素,在一定程度上决定着饭店业的发展。

2. 旅行社

旅行社是指有营利目的,为旅游者代办出境、入境签证手续,招徕、接待旅游者,为旅游者提供旅游咨询、安排食宿、导游服务等有偿服务的企业。旅行社的基本业务为旅游产品的设计宣传和销售;旅游者的接待服务;等等。旅行社的基本特点是最直接的人对人的服务,它特别依赖经营单位的服务人员的个人素质以及服务意识的提高。

(三)相关旅游部门的文化特征

1. 旅游行政管理部门

目前我国的旅游业还是以政府为主导的市场行为,因此国家和地方政府以及相关的旅游行政管理部门在旅游业的发展中扮演着重要角色,国家旅游局和各地方旅游局或旅游发展委员会是国家和地方的旅游管理机构,也在旅游经营活动中起着重要的作用。1999 年 3 月国务院办公厅在《国家旅游局职能配置、内设机构和人员编制方案》中进一步明确国家旅游局的主要职责是:制定旅游业发展的战略目标和方针政策,编制发展旅游事业的中长期规划和年度计划并组织实施,进行综合平衡和宏观调控;研究推进旅游业体制改革,协同有关部门培育和完善旅游市场;制定旅游业各项行政法规,负责全国旅游资源的普查、规划并协调资源开发利用和保护工作,对国家旅游度假区和其他重点旅游建设项目实施宏观指导和检查;负责国内旅游的宏观管理;指导行业的精神文明建设等。

政府在旅游业的发展中,起着十分重要的作用。政府旅游行业管理部门以法规和政策为手段,对旅游业的发展进行干预性管理。首先,政府在维持正常的旅游市场秩序方面起着不可替代的作用。旅游业是一项综合性、依托性极强的行业,它的涉及面之广,覆盖面之大,是其他行业无法比拟的,也正因为如此,决定着它具有一定的脆弱性。只要任何一个行业、任何一个市场风吹草动,都会对旅游业产生一定的影响。旅游供给是由旅游需求所决定的,而旅游需求只能通过旅游行政管理部门收集各种信息,经过综合分析才能从宏观上把握旅游需求的脉络,指导旅游供给的发展。而旅游业本身是一个综合性的产业部门,旅游业内部的吃、住、行、游、购、娱六大行业存在着客观比例,要求按比例协调发展,而市场调节是一种事后调节,有一定的时间差,旅游企业及个人掌握的信息不灵,微观决策有一定的被动性和盲目性,一旦决策失误,就可能出现结构失调,浪费旅游供给,损失效率,所以单靠市场本身调节不能保持旅游业的良性发展。因此,对旅游业来说,政府调控尤为重要。其次,旅游行政管理部门在维持正常的市场秩序、建立良好的竞争环境,保证和促进旅游市场的良性运转方面起着重要作用。在中国经济体制改革和市场化建设的进程中,相对于其他的行业,旅游业的市场化进程还比较滞后,目前还没有建立起良好的市场秩序,相关的行业法规建设等也相对滞后,因此,市场的运转还需要强有力的监督和政府的控制,只有发挥政府旅游机构的调控作用,才能保证旅游业的良性发展。再次,旅游市场的这些特点表明了调控的至关重要。因此只有发挥政府旅游机构的调控作用,才能保证旅游业的良性发展。最后,旅游业是综合性产业,有着巨大的发展前景和利益空间,具有持续的市场需求,但是旅游产品对环境的依赖性也很强,自然环境和社会环境都会对旅游业产生影响,反之,旅游业的发展也会对环境产生负面影响,在旅游资源的开发和利用方面,如果政府的调控缺位,则容易引起开发和保护的失衡。

为了维持正常的市场秩序,保证社会资源在旅游业中的合理配置,政府和旅游行政管理部门会通过适当的手段和措施,如政策、法规等对旅游经营行为和消费行为进行直接或间接的、具有法律或准法律约束力的限制、规范和监督,从而引导市场趋势,规范企业经营行为,建立市场规则,进而达到维持旅游市场秩序的目的。随着市场秩序的建立,相关法规制度的完善,行业规则和行业管理制度的健全,政府和旅游行政管理部门将逐渐淡出对旅游市场和旅游经营行为的直接干预,而更加注重于政策、法规的建设,对行业的监督或政策引导,为旅游业的健康、可持续发展提供服务和保障。

2. 行业协会

行业协会的主要职能是以协调为手段,以引导推动自律性的管理,完善行业规则,建立完善的旅游行业运营环境。行业协会对提高行业服务水准、维护行业利益、建立行业诚信，承担无可替代的作用。

3. 旅游规划策划单位

在旅游经营活动中，旅游规划和策划对旅游经营行为的指导和影响表现得越来越明显，也越来越受到经营者的重视。旅游规划策划单位是具体实施规划或策划的主体，旅游规划策划单位的文化品位和文化意识，对规划策划的成败具有决定性影响，因而也成为旅游经营文化的重要组成。

## 第二节 旅游企业文化

### 一、旅游企业文化的概念

#### （一）"以人为本"的企业文化理论的提出

企业文化是现代企业管理中的新概念，是将文化学的研究成果应用于企业管理而产生的新的成果，它强调充分运用文化的因素来实现企业管理的目标。20 世纪 70 年代，日本经济奇迹般的发展吸引了世界研究者的注意，在对日本企业进行长期的观察和研究之后，学者们发现，促使日本经济神话般飞速发展的成功因素之中最重要的就是企业文化。"企业文化使企业中共同的价值观和行为准则长期扎根于员工的心灵深处，使企业的人、财、物、管理技术、组织技能等因素有效地结合起来，从而体现出强大的企业竞争力"。[①] 文化的特性之一就是群体共同性，当一个企业的员工们有着共同的价值观和企业理想，以及由此而形成的共同的行为准则时，企业的生产力将会得到极大的提升，凝聚成推动企业发展的力量。

1933 年，美籍澳大利亚人乔治·梅奥出版了《工业文明中的问题》一书，提出了新的"社会人"的管理理论，主要内容是：

（1）企业的职工是社会人，是复杂的社会系统的成员。

（2）必须从社会心理方面来鼓励工人，满足工人的社会欲望，提高工人的工作热情，这是提高生产效率的关键。

（3）企业中实际存在着一种"非正式组织"，它是企业成员在共同的工作中，由于有着共同的社会情感而形成的非正式团体。

（4）企业应采取新型的领导方法，通过提高工人的满足程度而激励员工的士气，从而提高生产效率。

梅奥的人际关系理论将以人为本的思想引入管理学，形成了管理学中的行为科学学派。这一学派的管理理论主要是从心理学、社会学、生理学等方面研究员工的行为和动机，以寻求最有效的激励方法，最大限度地发挥人的积极性和主动性。

---

① 杨永平．旅游企业文化研究．北京：经济科学出版社，2004：9.

1943年，美国心理学家马斯洛在《人类动机理论》一书中，提出了人类基本需求层次论，把人的需求分为五个层次，由低到高的排列依次是：

(1)生理需要。吃、穿、住、睡眠等是人的本能需求，满足其生理需求之后，人才会产生更高层次的需要。

(2)安全需要。人的生理需要满足之后，就期望有稳定的收入、身体健康的保障、财产不受侵害等需要，这些被称为安全需要。

(3)社交需要。人还需要参加一定的社会交往活动，加入一定的团体，与他人友好相处，得到友情、爱情、归属感等，这些被称为社交的需要。

(4)尊重需要。在以上需要得到满足之后，人们还会期望胜任一定的工作，有一定的独立性，并受到尊敬和信赖。这些是比社交需要更高层次的尊重需要。

(5)自我实现需要。就是使自己的能力得到充分发挥，实现自己的理想抱负，并不断有所创造和发展，这被称为自我实现的需要。

(二)企业文化的要素

1. 企业环境

指旅游企业经营所处的内部和外部环境。企业外部环境是对企业外部的政治环境、社会环境、技术环境、经济环境、竞争环境等的总称，是企业生存发展的气候土壤等不可由企业自身决定的环境层面；企业内部环境是企业内部的物质、精神环境的总和，也称企业内部条件。企业外部环境和内部环境之间互相影响，共同构成旅游企业的企业环境。企业内部环境的优化，是营造良好的外部环境、塑造良好企业形象的基础。

2. 企业价值观

指与旅游企业的目标设定相关的道德、信念和价值评价。企业价值观的确立是决定企业性质、目标、经营方式时作出的选择，是在企业发展的长期实践中逐步确立的，是企业经营管理的内在依据，是企业文化的核心。

3. 英雄人物

在企业的发展过程中确立的企业精神和价值观，持续深入到员工的精神意识中，并在一定的层面支撑着员工的行为，员工中优秀分子在对企业的贡献中实践着对企业精神、道德和价值观的完美诠释，成为员工中的优秀代表，积极推动着企业的发展，于是成为企业英雄人物。英雄人物是企业价值观的人格化体现，是企业行为的优秀代表，更是企业形象的象征。在企业管理中，企业英雄人物是所有企业员工的榜样，不仅以自己的才能和付出为企业发展作贡献，同时，以榜样的力量影响并激励其他员工更好地为企业作贡献。

4. 典礼仪式

指企业围绕着自己的企业文化主旨而组织筹划的各种仪式活动，企业通过典礼仪式，定期或不定期地强化企业目标和员工的行为准则，营造良好的内部环境，以实现对员工的激励或鞭策,以期实现企业的良性运营,推动企业的健康发展。

5. 文化网络

指企业用来传播企业文化信息的、正式和非正式的信息沟通系统。

(三)旅游企业中企业文化的应用

旅游企业文化是一个旅游企业内部在全体员工共同的价值观和企业意识基础上形成的具有企业核心凝聚力的企业精神,包括该旅游企业员工的行为准则、企业风气和团队精神等方面。旅游企业应采取一定的措施,激发员工的归属感,使员工将企业的发展和自身的事业发展紧密联系在一起,自觉地以有利于企业的发展作为自我言行的准则,从而建立起与企业发展相一致的价值体系,使积极健康的精神风貌成为企业风气的主导;使该旅游企业之外的人在和企业员工短暂的接触中便能从员工的精神状态、情绪、态度和工作秩序中迅速感受到属于该企业的整体气氛和精神风貌。

企业员工行为准则是指特定企业的员工在共同的价值观和企业理念的基础上形成的工作模式和方法的,而这种工作模式和方法应是最适合该企业的发展、最能体现员工工作效率的模式和方法的。旅游企业是服务性企业,旅游企业管理中,最核心的就是要通过有效的管理手段,极大地调动起员工的工作热情,为旅游者提供周到、热情的服务,令旅游者满意。

企业风气是指旅游企业员工在工作中带有普遍性和稳定性的行为状态,积极向上的企业风气是企业经营成功的重要保证。旅游企业的管理者应有目的、有计划地进行良好企业风气的培养,使敬岗爱业、积极进取、团结协作等良好的风气得以树立并保持。企业风气一旦树立,就会形成影响全体员工的巨大力量,推动企业的发展。

## 二、旅游企业文化建设的意义

(一)建立公平、公正的良性竞争环境

良好的企业文化建设是要在旅游企业内部建立起公平公正的良性竞争环境,同时,尊重每一位员工,尊重他们自我发展的需要,使每个人的才能、特长得以最大限度地发挥。

旅游企业管理者在企业管理过程中,要制定科学合理的企业政策和制度,使工资、福利等薪酬体系真正体现出对员工实际工作能力的评价,避免导致员工合理、合法利益受损的不正当竞争,建立起员工对企业管理制度和薪酬体系的充分信心,营造有利于个人发展的良性竞争环境。员工的个人发展和企业发展是紧密联系在一起的,没有良好的企业发展,个人的前途自然无从谈起。员工的个人发展受阻,对企业的发展也是极其不利的。企业员工不能得到符合自我能力水平的个人发展,意味着员工的实际能力没有被最好地发挥出来,也就是员工对企业的贡献没有达到最大,这对企业的利益和发展而言,无疑是一种损失。另外,员工不能实现满意的个人发展,势必会产生不满情绪,工作积极性就会受到很大的影响,甚至会产生失望心理,而导致工作的不负责任或是辞职。

旅游服务的特殊性决定了旅游企业在员工管理方面的复杂性,首先,旅游企业的员工的工作绩效不能被精确计量;其次,旅游企业员工的工作难以得到准确评估;再次,一些旅游企业员工的工作也不能得到有效的监督。这就要求旅游企业的管理中,应充分注意到旅游企业经营活动的特殊性,在尊重员工的基础,制定合理的绩效评定、薪酬管理等制度,形成富有旅游企业特色的发展环境。

(二)建立融洽和谐的企业内部人际环境

每一位员工都是社会的人,即使在工作中也有社交的需要,而旅游企业为旅游者提供的服务一般都是由多个岗位的员工共同完成的,和谐的、令人愉快的人际环境可以使员工在工作中愉快地合作。和谐融洽的人际环境不仅能使员工之间的合作更加默契,提高工作效率,还可以减少无价值的体力和精力的支出,减轻工作中的疲惫感,从而使工作效率和质量得到保证。和谐融洽的企业内部人际关系还可以最大限度地调动员工的工作热情,使员工对工作的态度从被动地接受、完成任务,变成积极主动地工作。和谐融洽的人际环境使每一位员工都能融入企业集体中,感受到来自上司和同事的关怀和支持,从而产生精神上的满足感。在这样的精神状态下,员工的工作热情和主动性就会被极大地调动起来,将努力工作作为自觉的行动,而不是仅仅是为了金钱或是为了不受处罚而工作。旅游企业的工作多是服务性工作,为旅游者提供服务的时候,员工的情绪、精神状态、服务热情等对服务质量有很大的影响,僵硬的管理也许可以使员工更加小心地避免犯错误,但是却无法保证员工以饱满的热情和亲切的态度为旅游者服务。旅游企业比起其他性质的企业也许更需要微笑的员工,企业文化建设正是为了营造一种轻松和谐的工作氛围,使员工心情舒畅,保持良好的工作状态,从而保证提供优质、高效的服务。

(三)建立良好的职业道德意识和企业道德环境

旅游企业以为旅游者提供服务为主要工作内容,员工的道德素养直接影响到服务质量的好坏,也直接影响到旅游企业的信誉和可持续发展前景。在个人利益的驱动下,工商业中有悖于商业诚信原则的行为屡见不鲜。旅游是综合性产业,旅游服务面对的是世界范围的旅游者,旅游企业是直接向旅游者提供服务的,比如导游、饭店服务人员,等等,因此,旅游企业员工的服务工作直接影响到旅游企业在旅游者心目中的形象,甚至可以影响到国家的形象。旅游企业的员工工作也存在不符合职业道德标准的行为,比如导游不导,在旅游过程中接受回扣,临时安排额外的收费活动,利用旅游者对导游人员的信任和依赖,诱导旅游者购买高价商品,等等。这些行为都会损害旅游者的利益,造成极坏的影响,不仅会对旅游企业的发展造成不良影响,也会给旅游地的形象甚至是国家形象造成不良影响。

（四）产生良好的行为导向和企业凝聚力

旅游企业文化建设的一个重要内容就是要树立良好的企业道德，使每一位员工自觉接受道德约束，而不是完全依赖法规强制性地规范其行为。旅游企业信誉的确立，是保持企业持久竞争力的关键环节，企业要寻求长远的发展就必须以良好的信誉作保证。形成良好的企业道德，既是旅游企业健康、可持续发展的需要，也是树立良好的社会风气、提高社会文明程度的需要。

（五）树立良好的企业形象

良好的企业文化氛围可以通过直接为旅游者感知的物质内容树立起鲜明的企业形象。

## 三、旅游企业文化的构成因子

旅游企业文化存在于旅游企业内部，同时又存在于一定的社会文化环境和经济环境之中，旅游企业文化的形成及其特征，和众多企业外部的非企业因素有关，影响旅游企业文化的因素主要有以下几点。

（一）民族文化因素

旅游企业文化的核心是人，现代企业管理的重要特点就是充分肯定员工的社会人的身份，并给予足够的尊重。员工在成为某一企业的员工之前，经历了较长的成长过程，在成长过程中，民族传统文化中的诸多因素会对其思想、性格的形成产生影响，从而形成较为稳定的价值观念、道德意识、是非标准以及行为习惯。旅游企业的员工，必然会将其成长过程中所受的文化熏陶以及这些文化熏陶的结果带到企业行为中来。而企业文化也是存在于一定的社会文化氛围中的，处于亚文化地位的企业文化植根于民族文化的土壤中，企业的管理者和普通员工一样，在思维方式和行为方式上也深受民族文化的影响，于是，企业的价值观念、道德观念、行为准则等都必然带有深刻的民族文化的烙印。

民族文化传统中的优秀成分是企业文化的重要营养。旅游企业文化所塑造的企业形象、员工的精神状态和服务方式等也需要适应一定的民族文化环境下形成的社会心理状态，在本民族市场树立起发扬民族文化的良好形象，更符合民族审美习惯和接受习惯。

旅游企业在经营过程中，承担着文化宣传的重要职能。旅游行业在现代社会经济中的重要地位，决定了旅游企业文化对整个社会文化也会产生巨大的影响，优良的旅游企业文化不仅可以促进本企业的发展，同时也会对整个社会文化环境起到一定的改造和推动作用，对于发扬本民族的传统文化的作用也是巨大的。因此，旅游企业在进行企业文化建设的过程中必须坚持吸取民族传统文化的精华和养分，创建有利于员工、企业和社会发展的优质旅游企业文化。

（二）外来文化因素

旅游企业服务对象是来自世界各地的旅游者，旅游企业的经营者和员工与外来文化的交流十分频繁，在这样频繁的交流中，旅游企业文化也不断地受到外来文化的影响。来源于其他国家、地区、行业的文化相对于旅游企业文化而言是外来文化，这些文化会对旅游企业的文化建设产生一定的影响。吸收外来文化的元素，使之与民族传统文化内容相融合，构建新的旅游企业文化内容。随着全球经济一体化进程的推进，国家和地区之间的经济文化交往日益密切，异质文化之间的相互渗透也日益广泛。中国改革开放以来，不仅从西方发达国家引进了大量的先进技术、设备和管理经验，也大量吸收了西方文化的精华。企业文化的具体内涵也融合了西方文化元素，形成了更符合企业发展需要的创新精神、竞争意识、效率观念、环保意识等新型企业文化内容。这些企业文化内容成为旅游企业文化中的新鲜血液。

### 四、旅游企业文化的建设模式

旅游企业文化的建设就是要对旅游企业精神体系、行为模式和企业人际关系以及企业识别系统进行规划和设计，并通过具体的措施，使旅游企业文化的规划和设计目标得以实现，形成良好的旅游企业文化氛围。旅游企业文化的建设包括企业文化精神层的设计和建造、企业文化制度的设计和建造以及企业文化物质层的设计和建造。

#### （一）企业文化精神层的设计和建造

旅游企业文化的精神层就是企业文化的理念识别系统，是旅游企业文化的核心，因此，企业精神的设计和建造也是企业文化建设的关键。企业精神不是简单的口号（当然可以通过标语性的口号来对之进行精练的描述）。企业文化精神层——理念识别系统主要是由企业最高目标、企业哲学、企业精神、企业道德、企业作风、企业宗旨、企业形象、企业行为规范等方面构成。旅游企业文化精神层的设计和建造要结合民族文化的优良传统和外来文化中适应中国旅游企业状况的精华元素，充分考虑旅游企业的历史、现状和发展远景，设计出具有本企业特色、符合企业发展需求的理念识别系统。

对旅游企业文化的精神层进行设计首先要在对企业的历史、现状进行充分认识和分析的基础上，确立企业发展的远景目标，这既是企业发展的战略需要，又可以很好地使企业员工联系企业的发展目标规划自我的职业生涯，坚定员工对企业发展的信心，鼓舞士气。旅游企业要确定合理的企业发展远景目标，必须对企业自身的资源、经营历史和现状、企业发展动力和潜能进行仔细的分析和客观科学的评价，在此基础上，面对世界旅游市场，顺应世界旅游业的发展趋势，确立符合旅游行业发展规律和适合自身条件的企业发展目标体系。

企业文化精神层设计构建的另一重要步骤就是确立企业经营宗旨。企业宗旨是旅游企业根据自身的经营内容和特色，向社会和旅游者作出的公开承诺，是企业价值观和经营目标的直接反映。企业宗旨既表现出旅游企业服务于社会和旅游者的决心和信息，又是对员工的动员和督促，同时又将企业的经营直接置于社会的监督之下，对增强企业员工的责任感，引导及规范员工行为有着重要意义。因此，旅游企业的经营宗旨是企业文化建设的重要环节。

旅游企业文化建设的另一个重要步骤是企业道德体系的设计和建立。道德对人的行为有着无形的约束力，企业经营过程中可以通过规章制度、奖惩标准等手段约束员工行为，但是制度的约束范围总是有限的。旅游企业通过宣传教育等途径建立并培养员工良好的道德品质，使道德的约束力量和企业管理制度的约束力量相结合，实现规范员工行为，有利于服务社会和企业发展。旅游企业要寻求可持续发展的道路，加强企业道德建设是必需的。企业若要实现长远的发展目标，必须依赖良好的信誉，而良好的企业信誉是靠员工的一言一行来确立的。良好的企业道德是企业信誉的保证，也是企业实现其长远发展目标的重要条件。

企业精神是企业的意识、传统、行为、习惯中积极因素的概括和升华，它是随着企业的发展而逐步形成并稳定下来的，是企业文化发展到一定阶段的必然产物。

（二）旅游企业文化物质层的设计与建造

企业文化物质层的设计和建造是企业文化的视觉识别系统。旅游企业文化的视觉识别系统本身就是企业环境的一部分，是旅游者的审美对象之一，还是企业文化精神的载体。它包括企业名称、企业标志、企业环境、员工面貌等内容。

与旅游者直接接触的旅游企业和旅游服务人员主要是饭店、旅行社及其员工，因为这些单位和员工直接和旅游者接触并为之提供面对面的服务，所以，饭店的选址、建筑和装饰风格，服务管理水平，设施条件，员工的外表气质等都是旅游企业文化的重要内容。因此，旅游企业文化的建设必须做好这些方面的工作。

旅游饭店是指那些拥有完备的接待、住宿及餐饮设施的，能够为旅游者在旅游期间提供舒适、安全的住宿、餐饮及其他相关服务的旅游企业。旅游者进入饭店，对饭店的第一印象就是饭店的建筑和装饰风格，这也是企业文化风格最直观的表现内容之一。在一些地域特色浓郁的旅游地，旅游饭店的建筑和装饰应充分考虑地方特色以及饭店的风格与周围景观风格的和谐统一，使饭店的建筑本身就成为一道具有独特审美价值的景观。

当旅游者和旅游企业接触时，企业员工给旅游者的印象也会在一定程度上影响旅游者对企业的评价，因此，旅游企业员工的形象也是企业文化中物质层面的重要内容。员工健康、富有朝气和活力的外表，整齐优美的着装，亲切自然的微笑，优雅端庄的举止，礼貌热情的语言等，都是构成员工良好形象以及企业良好形象的重要元素。旅游企业文化建设不能忽视对员工仪容仪表的塑造。在塑造员工的仪容仪表的时候，既要注意外在美的表现，如员工的服装、发型、容貌，也要注意对员工举止言谈的培养，使之符合美的标准；还要注意员工内在文化素质的提升，培养员工的气质，使其整体形象能够给旅游者带来美的感受。

旅游企业文化物质层的设计建设应遵循以下原则：

(1)独特性。无论是企业名称还是企业标志，都要新颖独特，内涵深刻，个性鲜明。

(2)审美性。企业名称标志要有个性但也要优美，能给人带来美的感受。企业环境、员工仪表都要符合审美的标准。

(3)民族性。旅游经营是一种文化经营行为，文化精神不能脱离民族特色，民族的才是世界的，坚持民族特色，发扬民族传统，是旅游企业文化建设应遵循的重要原则。

(三)旅游企业文化的行为层面

旅游企业文化的行为层面是指旅游企业员工的共同行为和工作习惯，这种共性的行为习惯可能是企业员工在长期共同工作中自发形成的，也可能是在企业理念的引导下逐渐形成的。行为规范包括员工的仪容仪表、待人接物、对纪律的认识和遵守、工作程序、工作方式、能力水平，等等。

旅游企业文化的行为层面有着内外支撑点，内支撑是企业文化精神，外支撑是企业制度，在企业文化精神的引导下，在企业制度的制约下，对企业目标的主动追求，对企业要求的自觉遵守成为企业员工共有的行为准则，进而成为一种自觉的意识和行动。

旅游企业文化的建设要落实到员工的行为上，企业文化的建设才具有实际的意义。如果不能在塑造员工行为方面产生切实的效果，那么旅游企业文化的建设只能流于形式，没有实际意义。因为真正推动对企业发展的现实力量是员工的行为。

旅游企业文化行为层面的建设不仅仅对旅游企业的发展和企业形象有现实意义，对整个社会的文化建设，对企业所在地的形象也有着莫大的影响，因为旅游企业员工工作性质和内容的特殊性，使得每一个旅游企业的员工面对游客时都在一定程度上代表着地方的素质和形象。此外，旅游企业文化的行为层次也不仅仅指其工作行为，也包括其工作之外的日常行为，因此，旅游企业文化行为层面的建设也在一定层面上影响着社会文明的建设和社会文明程度的提升。

## 第三节　旅游经营与传统文化

### 一、旅游经营活动对传统文化的积极影响

(一)健康的旅游经营活动可以促进传统文化精华的发扬和传播

中国的旅游景观，无论是自然景观还是人文景观都包含着深刻的文化内涵，

是中国历史文化发展历程中文化因素长期积淀于景观中形成的。中国有数千年的文明史，幅员辽阔，景观类型丰富，特征各异。既有玉树琼枝的冰雪美景，又有碧波浩渺、细沙如绵的海洋沙滩，有高山流水、林壑优美的自然风光，也有千年古刹、秦俑长城等世界历史文化奇观，还有风情各异、千姿百态的少数民族风情。它们作为中华文化的载体，以生动优美的形象，各具特色的姿态将中华文化生动地展现在旅游者面前。旅游经营活动的发展，使更多的景观文化内涵被发掘并展示出来，为世界各地的旅游者所认识和欣赏，吸引越来越多的旅游者来中国旅游。在这个意义上，旅游经营活动对文化的传播和传统文化的发扬有着重要意义。

旅游业的发展，历史文化遗迹作为旅游景点开放，吸引众多的海内外游客前来参观欣赏，不仅是发掘了传统文化在经济社会中的巨大价值，实现了巨大的经济效益；同时，无数游客面对人文古迹发出的对伟大的中华文明的由衷赞叹和欣赏，体现出中国文化所蕴涵的巨大的经济和社会价值。

（二）旅游经营活动促进对传统文化和地方特色文化的挖掘

旅游者的旅游目的之一就是认识、了解旅游目的地的独特文化。这一旅游目的的实现有赖于旅游经营活动。第一，旅游经营者对景观、景点的规划、设计、建造，是将当地的文化以一种特有的形式呈现在旅游者面前。第二，导游人员对景观文化的解说使旅游者更好地认识、了解和感受目的地的文化。所以，旅游经营者，包括旅游规划、设计者和旅游服务人员是当地文化传播的关键，是旅游者和旅游目的地之间的文化中介者。

目前，在世界各国的旅游开发和经营中，文化都处于十分重要的基础地位，一次抽样调查表明，在来华的美国游客中，以中国的自然风景为目标的只占26%，而对中国的传统文化感兴趣的却占56.7%，可见传统文化在旅游中所占的地位。正因为世界旅游者对中国文化浓厚的兴趣，国内的旅游经营活动也越来越倚重传统文化。深圳中国民俗文化村汇集了全国几十个民族的灿烂文化，昆明云南民族村也展示了云南25个少数民族的风俗，在广东，岭南文化、客家文化和连南瑶族风情的旅游开发也是目前的关注热点。以古典名著和历史人物、事件和历史文化遗存为主要内容的景点如故宫、兵马俑、长城、大观园、杜甫草堂等著名的文化景点每年都吸引着大量的中外旅游者前来参观游览。中国传统的建筑文化、饮食文化、服饰文化、民俗文化等都在旅游活动中被越来越多的人认识、了解和喜爱。由于民族传统文化对众多旅游者的巨大吸引力，旅游经营活动也加大了对历史文化古迹的保护，很多文化古迹由于旅游开发而得到了更好的保护和修复，对保存古代文化遗存起到了很重要的作用。不仅如此，在旅游经营活动中，各地的旅游行政管理部门和旅游企业都想办法寻找富有地方特色的文化内容，规划建造具有独特魅力的旅游景观景点，促进了对传统文化和地方特色文化的挖掘，一些濒临消亡的民间艺术形式被作为旅游表演项目而获得了新的生机。比如皮影戏是我国民间流传的非常独特的艺术形式之一,但是,民间的皮影表演都是在农闲或节日期间农民的自娱自乐活动,在当前经济潮流的冲击下,皮影技艺因为不能产生较好的经济收益而后继无人,濒临消亡。陕西省现存的唯一皮影戏团的成员都是农民,且大部分年纪都在60岁以上,他们没有传人,且由于只是农民团体,演出时间少,范围小,影响也很小。这个戏团很有可能是陕西省最后一个真正意义上的民间皮影戏团。陕西西安市新建的景点大唐芙蓉园,邀请他们作为该景点的固定表演节目,使众多前来旅游的各地人士能够欣赏到民间艺术的精湛技艺和特殊风采,认识到它的艺术价值和文化价值,不仅使这一传统的民间艺术形式焕发了新的生机,也使它的继续发展成为可能。旅游经营过程中的旅游项目开发和景区景点建设必须建立在对当地文化深入研究的基础上,这对于地方传统文化的发展和传播,扩大传统文化的影响,以及对当地文化内涵的挖掘、对重要的文化内容的保护都有着重要意义。从某种程度上说,旅游开发本身也是对传统文化的挖掘和保护。由于自然遗产和历史文化遗产对旅游者的巨大吸引力以及由此而产生的巨大的经济效益,使更多人意识到了传统文化的重要价值,加大了对传统文化的研究和保护。

## 二、旅游经营活动对传统文化的破坏

### (一)中国文化面临西方文化的强烈冲击

西方强势文化的入侵,西方发达国家先进的生产力、优越的物质条件使一些人在旅游经营活动中失去了文化的自信,在建造宾馆饭店和景区规划过程中,盲目推崇西方文化、追求所谓的“现代化”、追求豪华奢靡之风,对传统文化造成极大的冲击。我国著名的建筑专家梁思成曾经痛心于北京古旧民居和极有文化特色的胡同的消失。而在全国范围内,这样富有文化特征的建筑被无情摧毁的现象却有很多,一些外国的游客到中国的城市旅游之后发出这样的疑问:中国不是有着几千年历史的文明古国吗?可为什么看不到古代的建筑?满眼都是崭新的摩天大楼?当那些看到满眼的摩天大楼而满心欢喜,觉得自己的城市建设取得很大的进步的人,他们不知道,在这样的建设中,毁掉的无价之宝,是用多少座摩天大楼也换不回来的。中国经历了长时间的贫穷和落后,这种贫穷和落后在很大程度上是由于中国历史上长时间的封闭和保守,甚至是盲目自大造成的。改革开放之后,我们中国人的眼界开阔了,看到了中国和世界的差距。于是,学习国外的先进经验和文化成为中国社会的热点。但是,在西方发达的现代文明面前,很多中国人表现出了文化上的不自信。这种文化的不自信表现为全面否定中国传统文化,对中国传统的文化现象的肆意毁坏;盲目崇拜发达国家的现代文明,对发达国家的不理性的模仿。

另外,由于旅游开发经营,旅游者日渐增多,一些有特色的地方传统文化受到了很大的冲击,“旅游一旦开发到哪里,哪里的传统面貌便会发生急剧的改变,从衣着、建筑到生活方式都迅速地与外来者趋同”①,很多少数民族的年轻人不再穿民族服装,换上了时尚的衣着,地方的特有的风采正在逐渐消失。

(二)经营者的急功近利造成对传统文化的严重破坏

1. 旅游经营活动缺乏科学性,造成对自然风景的破坏

在我国旅游业的发展过程中,一些地方的旅游景区、景点的规划建设对传统文化的破坏现象一直存在。由于旅游经营者和主管部门对旅游资源中的文化性质及价值没有充分的认识,一些城市大规模地拆除古旧的民居,兴建现代化的高楼;一些自然风光优美景区兴建了大量的商店、饭馆和酒店以及其他营业店铺,使原本清幽纯美的景观遭到极大的破坏。比如历史上以风景秀美著称的江西庐山,现在已经成为建立在山中的小城镇,严重破坏了自然风景的整体效果。四川九寨沟已列入世界自然遗产名录,其奇特的雪山、海子、瀑布、森林景观为世界所罕见,但就在离九寨沟一大奇景——树正群海——不远处的荷叶寨,藏民们和某些单位建起了成群的宾馆,形成了一条较长的街道,这与九寨沟美丽的风景极不谐调。张家界武陵源风景区早在 1992 年就被联合国教科文组织列入世界自然遗产名录。然而,1998 年 9 月联合国专家考察张家界武陵源后提出诸多批评,认为旅游设施泛滥、景区城市化对自然风景产生了极大的破坏性影响。

2. 片面追求经济效益,对景点的文化价值没有正确的评估

另有一些旅游经营者片面追求经济效益,对景点的文化价值没有正确的评估,以能吸引游客前来参观为唯一目的,因此出现了一些所谓“新”、“奇”、“异”的文化景点,存在着将传统文化庸俗化的严重现象,或者是宣扬了中国传统文化的糟粕。这样的景点建造和宣扬,只能使来自他国的旅游者对中华文化产生错误的认识。

除此之外,一些地方在经济利益的刺激下,以开发旅游,恢复和保持历史古迹和文化传统为名,兴建了一些虚假的文化古迹,比如,建造高大的石柱,上雕花纹图案,名之曰“图腾柱”;随意将某些景点和历史文化名人联系在一起,或者在景点介绍中随意延长某些古迹的历史;或者耗费大量资金和人力,重建已经被毁坏的古代建筑,或新建一些号称古迹的亭台楼阁。这种“文化赝品”假古迹,有的建造质量十分低劣,没有任何文化价值和内涵,这不仅是对旅游活动文化意义的违背,也是对传统文化形象的扭曲。

3. 大规模的群众性活动对自然生态、多元文化的负面影响

现代旅游活动是一种全球范围内的大规模的群众性活动,它在为社会带来各种积极的影响的同时也存在对自然生态、多元文化的负面影响。大量旅游者的进入,使景区的自然生态承受能力遭受巨大的压力,也极大地加快了珍贵的历史遗迹的损毁速度。“在过去大约三十年里,群众性旅游已经在摧毁景点、破坏社区、消耗

① 吴晓萍. 浅析民族地区旅游可持续发展的某些限制性因素[J]. 旅游学刊,2000.

稀有资源、污染空气和水源、文化平庸化、消除特色性以及总体上使我们这个星球的生活品质下降等方面作出了贡献。”(Croall,J. 1995)①由于旅游者给自然环境和社会环境造成的负面影响是渐进的,不是能直接看到或是可以用精确的数字来描述的,因此很多旅游经营者并没有意识到超量的旅游者的破坏力量,依然一味地以各种手段无度地吸引更多的旅游者。实际上,超负荷地接待游客,不但对自然环境和社会文化环境是极大的破坏,也削弱了旅游业可持续发展的能力。

(三)开发经营主体对文化价值认识不清,在经营过程中造成文化的破坏

由于旅游经营者文化意识的淡漠和一些经营者对旅游资源中文化内涵的价值没有充分和正确的认识,致使一些旅游经营行为造成了对文化的破坏。一些旅游经营者,甚至行政领导对文化保护和利用持有错误的态度,有人认为,古代的建筑或其他的遗存只是一种有形的存在,毁坏了之后可以重新建造,于是就出现了一面无所顾忌地拆毁真正有价值的古建筑,一面耗巨资重修城墙,重修某些号称古迹的亭台楼阁,或者重修某个名人故居的闹剧。这些崭新漂亮的所谓“古迹”,对于保存民族传统文化没有任何意义和价值。

**案例**

**哈纳斯的篝火②**

哈纳斯湖位于中国新疆最西北阿尔泰山的密林中,是我国最深的高山淡水湖。哈纳斯是蒙古语,意为“美丽富饶,神秘莫测”。这是一处静谧安恬、景色美丽的地方。传说湖中有一种水怪,与英国尼斯湖水怪有异曲同工之妙。哈纳斯湖区因此被蒙上了神秘色彩。对旅游公司和旅游者来说,哈纳斯具有一个完美的旅游观光地的几乎所有必备要素。这里的主要居民是蒙古族人(蒙古族支系图瓦人)和哈萨克族人,他们以牧业和区域商业为生。虽然从东部城市的眼光看,这里属于“偏远地区”。但实际上,这里的生活并不闭塞。在中国最西北的小村庄——白哈巴村,也有道路贯通周边的哈巴河县和布尔津县,甚至通到更远的贸易区域。在村庄里,还有在内地农村从未有过的最整洁实用的卫生医疗站。这是一个美丽安宁又相当开放的地方。

但是,自从内地的旅游公司“发现”了这个地方,并赋予这里“与世隔绝”的世外桃源色彩后,大批游人便纷至沓来。美丽、神秘、边陲概念、异族风情,这些已经足够吸引大批游客,但旅游公司认为还不够。他们要提供更多的感官刺激,以刺激和满足游客快速消费、即时享受的欲望。各种新的旅游项目被开发出来:游船、游艇、直升机、马上、水上和空中体验。于是,这里的湖水不再平静,山林也不再安宁,传

① 转引自:彭兆荣. 旅游人类学. 北京:民族出版社,2004:324.

② 资料来源:http://www.110.com.

说中的湖怪杳无踪迹。伴随着快艇、轮船和直升机的马达声,旅游公司纷纷宣传造势,把当地风情和民族文化浅薄地包装起来出售给大众。

在哈纳斯湖边,旅行社搭起一个固定的夜间活动场地,中间是一个篝火晚会台子,配有重磅音箱。一到夜里,这里就开始了哈纳斯湖边最喧嚣拙劣的所谓民族表演。这些表演一如内地某些场合的歌舞表演,声嘶力竭的喊叫和震天动地的音响伴奏是其特色。在阿尔泰深山哈纳斯湖区的夜色中,这种歌舞和喧闹特别触目惊心。在传统社会,篝火是人们在野外露营、游牧或者用炊、取暖甚至威吓野兽时使用的方法。而在这里,篝火的意义完全改变了。它变成了一道风景,一个符号,一种招徕游客的廉价而有效的手段。它可以用来刺激游客们已经麻木的感官,满足他们即时的欲望。而在这样的场合,鲜艳的民族服装,带有地方风情的表演,夹杂着英语和当地民族语言的节目是必不可少的道具。实际上,旅游公司组织的"风情游"和"文化游"与当地人没有真正的沟通和交流,他们制造出来的"地方风情表演"也与当地人无关。比如,篝火晚会的表演者常常穿上全套民族服装,而不管穿戴这类服饰的社会文化和生活意义。至于参加晚会狂欢的游客,他们更不在意服饰的文化含义。对所有人来说,重要的是要有这类服饰和表演,否则消费本身就会遭到贬值。民族服装的意义在旅游浪潮中被重新发现和界定,并被旅游公司开发为"旅游产品"之一,具有明显的象征性和仪式性。兜售民族服饰和风情表演的旅游公司或开发商无意通过这种办法增加游览者对当地人民生活的理解,而只想满足游客对"边疆少数民族风情"的好奇心。因此,毫不奇怪,有些所谓民族服饰已经与那些民族的生活完全脱节,只有旅游公司雇用的表演者们是这些服饰的穿戴者。不过,晚会结束,表演者就脱下民族服装,换上自己的现代服装,下班休息。这种情形再形象不过地表明,在旅游产业发展过程中,被开发出来的所谓民族文化资源越来越脱离其生活本源,而日渐肤浅和表层化,这种通过表演而剥离和保存下来的民族文化,不过是现代商业文化和消费文化的一部分,它在失去了所有生长的根基之后,便不再具有生命力,而走上僵化一途。

## 三、追求旅游经济与文化的平衡发展

### (一)建立权威的旅游管理机构,保证文化资源的合理开发利用

现在很多省市已经相继成立了跨部门、由省市领导亲自挂帅的旅游管理委员会等机构,但并没有覆盖全国。此外,应在直接从事旅游开发的旅游企业之间,成立行业自律性组织,以规范市场,统一管理,提高旅游开发的档次和水平,协调行业中遇到的一些问题。要严格控制开发权,对旅游开发者、经营者要严格把关,严格审查,经审查批准后才能准予开发经营,不能随便批准景区的开发权。在开发经营过程中要进行实时监控,发现问题及时进行暂停整改。

### (二)树立可持续发展观念,杜绝短期行为

旅游资源和环境是发展旅游业的基础,一般都具有不可再生的特性,一旦被破

坏就难以恢复。特别是像名胜古迹、人文遗产这样的文化资源如果被破坏了,即使重新建造出来,也丧失了原有的历史价值。因此,在目前旅游经营的热潮中,要注意在保护的前提下合理开发,科学、有序地利用。为此,要在旅游开发者、旅游经营者、旅游者和社会公众中间确立可持续旅游发展观念,防止各种掠夺性、破坏性的旅游开发、旅游经营和旅游活动,实现文化资源的永续利用,克服现有的短期行为。

应加强可持续发展教育和相关的宣传和普及活动,对游客进行管理和引导,并且加强各级旅游决策者、管理者和经营者的可持续发展理论的培训,不断增进他们对可持续发展战略思想和旅游业可持续发展的理解与认识,提高他们对可持续发展战略的决策水平和组织实施能力。

(三)编制科学的旅游规划

我国的旅游规划工作仍处于初始阶段,还缺乏一个制订旅游规划的统一标准,缺少旅游规划的专业机构和高水平的专业队伍,一些地方还存在着不做规划就盲目上马、地方性旅游规划脱离国家旅游总体规划、旅游规划设计水平低或虽有规划而无环保内容等问题。上述问题的存在,不同程度上影响了我国旅游资源的开发、旅游景点的建设和旅游环境的保护,导致一些资源被破坏性开发,一些景点重复雷同、低水平发展。要改变这些状况,必须重视旅游规划的制订及其编制的质量。有必要成立一个专门的旅游规划专业机构,充分发挥规划对旅游区文化资源开发、建设和保护的指导作用。

(四)重视旅游环境承载力,调节旅游客流量

旅游环境承载力作为旅游环境系统与旅游经济联系的中间环节,成为判断旅游是否可持续发展的一个重要指标。

针对旅游区超载的不同情况,采取相应措施,疏散游客,调节游客流量和流向,是实现旅游资源可持续开发利用的有效举措。目前,旅游区超载有两种情况:一是旅游地内部分景区超载,而其他景区没有达到饱和,在这种情况下,一般采取内部分流的办法,在入口处设置限流设施,一旦达到或趋向饱和即停止游客进入。二是旅游地的整体超载,这时应采取经济分流和旅游地外部分流措施来解决,即提高景点票价、食宿费、交通费以达到限制游客流量的目的,或者配合其他未饱和旅游地加大营销推介力度。

(五)坚持传统,突出地方特色吸引力

在吸收异质文化的同时保持自我风格,以自己的优秀传统文化对抗强势文化的冲击和变相的文化扩张。必须注意,文化全球化发展的可能结果之一就是在世界范围内推行某些强势文化,一些发达国家借助经济的力量实现文化的扩张,这就是所谓的"文化霸权"或"文化殖民"现象。比如旅游发展中的"迪斯尼化"现象就是文化扩张在旅游业中的表现。"迪斯尼乐园"除了美国本土之外,在法国巴黎、日本东京和中国香港各有一处,"作为美国文化的海外扩张,它迎合了'文化全球化'

的一种潜流。然而,巴黎和东京的迪斯尼都反映出这两个国家和两种文化之间的'地方化'特色。"①作为美国文化全球化扩张的一个代表,迪斯尼并不特别受法国人的青睐,巴黎的迪斯尼乐园在很长时间内完全处于亏损的状态,迪斯尼乐园在法国的出现被一些法国人认为是一种"再殖民",因而受到法国人的抵制。而东京的迪斯尼乐园的建造就拒绝了完全按照美国的迪斯尼模式来建设的要求,在很多地方加入了日本的地方特色。坚持地方文化特色,发扬传统文化的精髓,是应对文化全球化的基本策略,强调旅游文化的地方性表述,坚持发扬传统文化的道路,是保护世界文化的多元性的必然选择,具有长远的历史意义。

**案例**

### 湖南省武陵源旅游规划②

回顾武陵源的旅游规划历程,不仅可以反观不同时期的文化思潮是怎样影响旅游规划的,而且还可以从中吸取教训,对指导当前各地的旅游规划具有借鉴意义。武陵源旅游规划大致经历了以下几个阶段。

第一阶段的规划始于 1981 ~ 1982 年,在这一阶段由于忽视了生态环境的保护而走了弯路。

当时的规划工作者把城市园林的一套设计模式搬来改造这个世界顶级型的自然生态遗产,初时所规划的用地范围局限在张家界林场。武陵源不仅拥有宗教文化景观和深厚的历史文化积淀,更拥有保存完好的中亚热带温湿区的自然生态景观。当时的规划工作者没有足够的环境保护意识和环境价值意识,规划项目中有狩猎场、人工植物园等,尤其是把旅游村布局在景区金鞭溪上游的锣鼓塔,规划与建设的开始也就是对景区生态环境破坏的开始。这一规划的败笔一直到今天都难以改造。

第二阶段是不按旅游规划实施,无序建设,同样也走了一条弯路。

由于人们不久发现将旅游村布局在金鞭溪的上游是一个严重的失误,于是不得不推倒原方案重新进行规划。这次规划因为有了环境意识,所规划的地域范围扩大到包括张家界、索溪峪和天子山在内的整个武陵源地区。规划思路是"控制锣鼓塔,调整军地坪,发展野鸡铺"。尽管该阶段规划调整到了正确的思路上,但有规划不依,有章不循的现象依然严重。自武陵源被联合国教科文组织列入世界自然遗产名录后,随着武陵源的旅游效益持续增长,各方面来的势力都想在遗产景区内蚕食一块空间以谋得自己的利益,管理人员面对各种渠道来的势力很难说"不",于是建设失控,发展无序。1998 年世界遗产委员会的专家对包括武陵源在内的 5 处

---

① 彭兆荣. 旅游人类学. 北京:民族出版社,2004:68.

② 资料来源:翟辅东. 当前我国旅游规划存在的问题与对策——兼析武陵源的旅游规划问题. 选自张广瑞主编. 旅游规划的理论和实践. 社会科学文献出版社. 2004:217.

1995年以前列入世界自然与文化双遗产和自然遗产的单位进行实地检查，提交了考察报告，报告中对武陵源问题的主要意见有：

1. 旅馆等无序性建筑进入了遗产保护区内，明显超越了限度，严重影响了自然遗产景观美的质量。

2. 对影响遗产环境保护的主体——游客，缺乏行之有效的法规约束、管理和教育机制。

3. 世界遗产委员会在1992年时就曾向中国方面建议准备一份当地物种保护状况的报告，以便确定本景区是否达到世界自然(Ⅳ)级标准的条件，而目前只编入自然遗产(Ⅲ)项内。

第三阶段的旅游规划是编制和实施整改性规划的阶段，标志武陵源开始走上一条修复生态的道路。

湖南省委和省政府对联合国世界遗产委员会专家关于武陵源的报告十分重视，组织了有关部门和专家编制了武陵源的整改性发展规划，标志着武陵源无序建设在政府管理行为上的结束。这次规划的范围扩大到了武陵源以外的张家界全市域。规划分成两大部分，第一大部分的规划重点是针对武陵源景区内无序建筑设施而编制的外迁规划，搬出的重点景区是天子山和水绕四门，向外迁出的宾馆和家庭旅社迁到哪里、补贴多少等。另一大部分的规划是张家界市域的旅游产业带动发展规划，包括环境和地质遗迹保护规划、林业和野生动物保护规划、社会经济发展规划等若干子规划。

武陵源的第一阶段规划是在忽视资源和生态环境保护的观念下的规划，此时全国各地亦然。第二阶段是旅游规划实施的法制不健全，在各自经济效益的驱动下损坏旅游资源，进行掠夺式的开发。第三阶段是吸收了教训后，在全球性可持续发展理论指导下编制的生态旅游规划。可以看出，武陵源为规划的错误和实施不力所付出的代价是惨重的。

**思考与练习**

1. 旅游企业文化的含义是什么？
2. 旅游经营和传统的关系如何？
3. 旅游经营活动对传统文化有哪些积极影响？
4. 旅游活动会产生哪些负面影响？
5. 如何保持旅游经营与文化保护之间的平衡？

# 参考文献


1. 冯乃康. 中国旅游文学论稿. 北京:旅游教育出版社,1995.
2. 冯天瑜,何晓明,周积明. 中华文化史. 上海:上海人民出版社,1990.
3. 甘枝茂,马耀峰. 旅游资源与开发. 天津:南开大学出版社,2004.
4. 龚鹏程. 旅游的精神文化史论. 石家庄:河北教育出版社,2001.
5. (德)W. 顾彬. 中国文人的自然观. 上海:上海人民出版社,1987.
6. 国家旅游局人事劳动教育司. 旅游规划原理. 北京:旅游教育出版社,1999.
7. 韩养民,韩小晶. 中国风俗文化导论. 西安:陕西人民出版社,2002.
8. 梁思成. 中国建筑史. 天津:百花文艺出版社,1998.
9. 马波. 现代旅游文化学. 青岛:青岛出版社,2001.
10. 潘宝明. 中国旅游文化. 北京:中国旅游出版社,2005.
11. 潘立勇主编. 人文旅游. 杭州:浙江大学出版社,2005.
12. 彭兆荣. 旅游人类学. 北京:民族出版社,2004.
13. 沈祖祥. 旅游文化概论. 福州:福建人民出版社,1999.
14. 沈祖祥. 世界著名旅游策划实战案例. 郑州:河南人民出版社,2004.
15. 王大悟,魏小安. 旅游经济学. 上海:上海人民出版社,1998.
16. 王明煌,胡定鹏. 中国旅游文化. 杭州:浙江大学出版社,1998.
17. 王会昌,王云海. 中国旅游文化. 重庆:重庆大学出版社,2001.
18. 王淑良. 中国旅游史(古代部分). 北京:旅游教育出版社,1998.
19. 王兴斌. 旅游产业规划指南. 北京:中国旅游出版社,2000.
20. 王振复,杨敏之. 人居文化——中国建筑个体形象. 上海:复旦大学出版社,2001.
21. 文史知识编辑部. 佛教与中国文化. 北京:中华书局,2005.
22. 吴忠军. 中外民俗. 大连:东北财经大学出版社,2004.
23. 谢贵安,华国梁. 旅游文化学. 北京:高等教育出版社,1999.
24. 杨时进,沈受君. 旅游学. 北京:中国旅游出版社,1996.
25. 杨永平. 旅游企业文化研究. 北京:经济科学出版社,2004.
26. 杨振之等. 旅游原创策划. 成都:四川大学出版社,2005.

27. 姚昆遗．中国旅游客源国家和地区．福州:福建人民出版社,2002.

28. 姚昆遗,王怡然．解读上海都市型旅游．上海:文汇出版社,2003.

29.(日)伊东忠太．中国建筑史．上海:上海书店,1984.

30. 喻学才．中国旅游文化传统．南京:东南大学出版社,1995.

31. 喻学才．旅游文化．北京:中国林业出版社,2002.

32. 喻学才．旅游资源．北京:中国林业大学出版社,2002.

33.(英)约翰·斯沃布鲁克,苏珊·霍纳．旅游消费者行为学．北京:电子工业出版社,2004.

34. 章必功．中国旅游史．昆明:云南人民出版社,1992.

35. 张德,吴剑平．企业文化与CI策划．北京:清华大学出版社,2005.

36. 张广瑞主编．旅游规划的理论与实践．北京:社会科学出版社,2004.

37. 张国洪．中国文化旅游．天津:南开大学出版社,2001.

38. 赵长华．旅游学概论．福州:福建人民出版社,1999.

39. 赵荣光,夏太生．中国旅游文化．大连:东北财经大学出版社,2003.

40. 钟贤巍．旅游文化学．北京:北京师范大学出版社,2004.

41. 周武忠．旅游学研究．南京:东南大学出版社,2004.

42. 庄志民．旅游经济发展的文化空间．上海:学林出版社,1999.

43. 庄志民．旅游经济文化研究．上海:立信会计出版社,2005.

44. 宗白华．中国美学史论集．合肥:安徽文艺出版社,1990.

45. 邹统钎．旅游开发与规划．广州:广东旅游出版社,2001.

# 后记

旅游的要义，是体验和感受不同文化背景的生活方式。旅游者的旅游，就是在体验和感受一种文化；旅游业，作为一个文化性很强的经济产业，在很大的程度上，就是经营文化。文化，是旅游的灵魂和核心。近年来，对旅游文化的研究，从对个别文化现象、旅游产品的介绍述评，到把整个旅游文化作为一个学科体系来研究，呈现出欣欣向荣的景象。现在，各高校的旅游专业都普遍开设旅游文化课，并出版了一批旅游文化方面的教材。综观目前已经出版的旅游文化教材，大致上有两大类型，一类是着眼于文化特质，介绍可以成为旅游资源、旅游吸引物的各种文化形态；另一类是着眼于旅游的要素，从旅游主体、客体和中介三方面讨论旅游的文化现象。这两种写法各有千秋，反映了不同作者对旅游文化的不同理解和把握。

我们这本《旅游文化学》正是沿着先行者不断拓宽的路继续探索、努力学习。我们从先行者的研究中吸取营养，开拓眼界，同时努力形成我们的一些思考。我们当然不可能完全脱离旅游的基本要素旅游主体、旅游客体和旅游中介来谈旅游文化，但我们努力不落窠臼，写出一些新意；我们既注重博采现行的各本旅游文化教材的长处，又努力作为一本系统的高等院校教材，在体现学科体系的理论完整性的同时，有创新并有自身的特点。所以在设计全书的框架时，我们没有因循通常的旅游主体文化、旅游客体文化、旅游中介文化的写法，而试图变换一个视角，着眼于旅游作为一种产业，尝试从产业的角度来讨论旅游文化，比如关于旅游主体文化，我们不是孤立地讨论旅游主体文化，而是尝试在消费过程中通过旅游主客体的碰撞来讨论旅游主体文化；关于旅游客体文化，我们也不是平铺直叙地罗列旅游客体对象，而是从资源、产品、环境三个方面的客体进行细化；关于旅游中介文化，我们也不是静态地讨论旅游企业和旅游从业人员的文化内涵，而是尝试动态地从经营的角度来讨论中介文化。而在写作方法上，我们着眼于旅游本身是最鲜活、最生动的实践，因此我们更加偏重于采用活生生的案例来诠释旅游文化的理论。

在写作中，我们努力使这本《旅游文化学》体现如下几个特点：

——强调旅游文化学作为一个学科的科学体系的完整性，对旅游的全过程中的文化内涵、文化特质进行全方位的研究，注重理论框架的完整性，避免取舍的随意性；

——强调学科研究的创新性,力求能从一个新的视角对旅游文化的现象和要素展开研究,即尝试从传统的旅游者或旅游客体的角度跳出来,从产业的角度对旅游主体、旅游客体和旅游中介的文化要素和实质进行研究;

——强调理论和应用、文化和经营的互动性,从旅游学科自身规律出发,注重研究当前的、现实的旅游文化形态,注重案例的分析运用。

这是我们努力追求的目标。当然限于我们的水平,我们的想法能不能得到国内同行专家的认可,还有待教学实践的检验。

本书绪论、第一章、第四章、第五章由上海对外贸易学院姚昆遗执笔,第二章、第三章、第六章由上海大学贡小妹执笔。全书由姚昆遗统稿。

全书在编写过程中广泛吸取了学术界各位同行的研究成果。从某种意义上来说,我们对旅游文化的一些心得体会,正是博采了众多同行、专家、学者的智慧。特别要感谢本书所引用的案例的作者,因为这些案例不但支撑了本书的理论框架,更为本书增色。

最后,深深地感谢旅游教育出版社的领导和编辑,是他们所倾注的心血和辛劳,才促成了这部书稿的最终问世。

姚昆遗

二〇一〇年四月于上海外贸学院